40 Años de Izquierda Socialista

40 Años de Izquierda Socialista

Manuel de la Rocha Rubí (Coord.)

Editorial **Pablo Iglesias**

© de esta edición, abril de 2024
Editorial Pablo Iglesias
Quintana, 1 - 2º A
28008 Madrid
teléfono: 91 310 43 13
editorial@fpabloiglesias.es
www.fpabloiglesias.es

Maquetación y producción:
Nemac Comunicación

ISBN: 978-84-123909-5-7
Depósito legal: M-9583-2024

El papel utilizado para la impresión de este libro es cien por cien libre de cloro
y está certificado como papel ecológico.

ÍNDICE

Prólogo

La defensa del principio democrático forma parte de la historia del Partido Socialista Obrero Español. Ya en el primer número de *El Socialista* –publicado el 12 de marzo de 1886– se recoge aspiración expresa al sufragio universal como uno de los grandes principios programáticos de nuestra organización y un auténtico anhelo para aquella España de grandes élites y escandalosa miseria.

La democracia entendida como fundamento de la sociedad. No sólo como aspiración para un país privado de libertades y derechos. Sino también de puertas hacia adentro. Como expresión de la pluralidad interna de una organización como la nuestra, que siempre aceptó –no sólo como algo legítimo sino como un valor en sí mismo– la existencia de diferentes visiones, perspectivas y aproximaciones a los desafíos de cada tiempo, dentro de las sólidas convicciones que nos unen e identifican a través de la historia.

No fue hasta 1978, cuando nuestra Constitución consagró libertades, principios y derechos que hoy consideramos, al fin, plenamente asentados, después de aquella esperanza fugaz y prematuramente arrancada de las manos de España que supuso la II República. Entre esos derechos, figura el de participación política, en cuya materialización tanta relevancia adquieren los partidos como un instrumento fundamental. No solo para vehicular las aspiraciones políticas de la sociedad, sino para hacerlo desde una estructura interna y funcionamiento plenamente democráticos.

La historia de Izquierda Socialista es, a su vez, concreción de un anhelo y expresión de una tradición histórica que el Partido Socialista Obrero Español exhibe con orgullo: la de una pluralidad ideológica convertida en seña de identidad de nuestra organización. Que estimula el pensamiento crítico y la defensa de postulados que, en ocasiones, podrán ser divergentes. Pero que comparten la común aspiración de construir un país y un mundo mejor desde la igualdad y la justicia social.

Una pluralidad que marcó a varias generaciones de socialistas, que compartieron militancia desde posiciones y perspectivas distintas. Una pluralidad no sólo necesaria, sino exigible en un partido como el nuestro, que aspira a representar en toda su complejidad a la España orgullosamente plural y diversa que siempre ha existido, pese a los intentos de la derecha de imponer una visión uniforme, simplista y falaz. Una visión incapaz de asumir que la diversidad lingüística y cultural de nuestro país nunca fue una debilidad, sino una fortaleza que hace de España algo único en Europa.

Suele decirse con frecuencia que el PSOE es el partido que más se parece a España. Comparto esa afirmación, pero no desde el dogmatismo ni la lealtad a postulados inmutables. Sino desde la capacidad de adaptación de nuestras siglas a cada tiempo histórico. Del acierto de quienes supieron leer en todo momento los cambios sociales estando cerca de las preocupaciones reales de la gente. De la capacidad de integrar el feminismo, el europeísmo y el ecologismo como ejes cruciales de nuestro ideario. Del ideario de un partido que hoy es referencia europea y del socialismo del siglo XXI. En muchos de esos postulados, Izquierda Socialista ha sido una voz firme y audible. La voz de una conciencia progresista y, siempre, críticamente propositiva.

Izquierda Socialista nació hace más de cuatro décadas, en un momento de efervescencia política coincidente con la consolidación democrática en España tras la larga noche del franquismo.

Desde la defensa de sus principios ideológicos, contribuyó decisivamente a ensanchar el espacio de nuestras siglas. Concienció a la organización de la necesidad de escuchar a la militancia, verdadero corazón de nuestro partido, para revitalizar la democracia interna. Y tendió puentes para el entendimiento y el diálogo con otras fuerzas progresistas y con los sindicatos de clase. Puentes que, a la larga, serían imprescindibles para que la fragmentación política de la izquierda no contribuyera a reforzar la hegemonía del conservadurismo en España.

Con la perspectiva que ofrece el paso del tiempo, es el momento de rendir tributo a quienes, un 16 de noviembre de 1980, protagonizaron la constitución formal de la corriente de opinión Izquierda Socialista del PSOE en la sede de la Federación Socialista Madrileña, en la calle Tomás Bretón.

No sólo por su aportación intelectual a la vida orgánica de nuestro partido. Sino porque, con su mera existencia, dieron altura moral a una formación orgullosa de acoger en su seno diferentes formas de ser y estar. Orgullosa de ser, en definitiva, la gran casa del pensamiento progresista español.

Allí estuvieron Luis Gómez Llorente, Antonio García Santesmases, Manuel de la Rocha Rubí, Manuel Sánchez Ayuso, Francisco Bustelo o Carlos López Riaño, y más tarde Viçent Garcés o Juan Antonio Barrio, por citar sólo a unos cuantos. Son solo algunos de entre los muchos referentes ilustres del socialismo español cuya memoria contribuye a ensalzar con toda justicia esta publicación.

A esa tarea me uno con estas palabras. Como secretario general, pero también y por encima de todo, como un socialista más. Un socialista orgulloso de la historia de estas siglas que nos unen, y en la que Izquierda Socialista ocupa ya, por derecho propio, un sitio de honor.

Pedro Sánchez Pérez-Castejón
Secretario general del PSOE

Introducción

Manuel de la Rocha Rubí

El socialismo siempre ha sido plural, y en consonancia con ello el PSOE ha sido y es, dentro de una convicción ideológica común, un partido plural. Más aún, un partido que quiere gobernar y gobierna España, tiene que cubrir un espectro plural y amplio de intereses, no contradictorios en sus posiciones, pero no idénticos e incluso que responden a distintas matrices ideológicas.

Por eso siempre se ha dicho que en el Partido Socialista hay dos almas, un alma socio-liberal, que insiste más en el mercado, la competitividad, la flexibilidad laboral, la igualdad de oportunidades y las privatizaciones, y otra más izquierdista, que junto a la libertad abunda más en la igualdad, la igualdad final de todos y contra las desigualdades reales existentes, de clase, de género, culturales, de origen norte-sur, y que insiste más en el papel del Estado y en la redistribución, la mejora de las condiciones de los trabajadores y trabajadoras en la perspectiva de su emancipación.

En la historia del PSOE la izquierda del Partido se manifestó en diversos momentos de forma coordinada y aglutinada. Un momento clave fue durante la transición el 28º Congreso, celebrado en mayo de 1979, y posteriormente, tras un manifiesto del Sector Crítico del verano de 1979, el Congreso Extraordinario del PSOE de septiembre del mismo año.

El 16 de Noviembre 1980 en un acto histórico celebrado en la sede de la Federación Socialista Madrileña (FSM), en la calle Tomás Bretón de Madrid y en el que participamos más de mil militantes, se celebró el acto de constitución formal de la corriente de opinión "Izquierda Socialista del PSOE", encabezada por Luis Gómez Llorente. Se leyó un Manifiesto fundacional que afirmaba la voluntad de revitalizar la democracia interna, impulsar el debate político y "contribuir al rearme ideológico" del partido y a "su proyecto histórico emancipador" como partido de clase, frente al riesgo de su derechización, de convertirse en un partido radical, y frente al cesarismo y el "culto a la personalidad". Y señalando también el riesgo, que ya entonces Luis Gómez Llorente denunciaba, de conversión del PSOE en un "sindicato de cargos públicos".

En noviembre del 2020 se cumplió el 40 Aniversario de aquel acto y de la existencia de Izquierda Socialista como corriente de opinión dentro del PSOE. Quienes participamos en dicho acto fundacional y quienes han participado en la vida de esta corriente, quisimos celebrar los 40 años con un acto político, no sólo de recuerdo, sino de actualización de su razón de ser, de la vinculación de la posición histórica de la izquierda del Partido con la evolución de las últimas dos décadas y la realidad actual del PSOE, en que su secretario general encabeza un Gobierno de coalición con otra fuerza de la izquierda política española. Por razón de la pandemia ese acto no se pudo celebrar en aquellas fechas, teniendo lugar en el mes de septiembre de 2021, en la sede central de UGT, al no haber sitio suficiente en la sede del PSOE de la calle Ferraz de Madrid.

A la hora de publicar las ponencias e intervenciones que tuvieron lugar en esas jornadas del 40 Aniversario, para las que contamos con el apoyo de la Comisión Ejecutiva Federal del PSOE, parece conveniente dar unas pinceladas informativas sobre el contexto en que se realizó el encuentro, para situarlo histórica y políticamente. Efectivamente, en esos días de 2021 estábamos saliendo de la pandemia y a una semana de que tuviera lugar la erupción volcánica de La Palma. El Gobierno de España PSOE-Podemos llevaba constituido y en marcha desde más un año y medio antes, con un programa progresista y de izquierdas, en el que el diálogo social era un elemento central de sus políticas y estaba en pleno debate la Ley de Memoria Democrática, que entraría formalmente en vigor un año después. Lo mismo que la batalla cultural que había empezado a plantear una parte de la derecha española que pretende un renacimiento del franquismo ideológico. Todos estos hechos marcaron algunas de las intervenciones.

El acto de Izquierda Socialista, como se puede observar en muchas ponencias, estuvo también imbuido de los debates previos al 40 Congreso del PSOE, que se celebraría en Valencia entre los 15 y 17 de octubre de ese mismo año 2021. El PSOE de Madrid, lugar donde se conmemoró el aniversario, vivía esos días la campaña de elecciones primarias a la candidatura de la Secretaría General.

Para terminar, y como coordinador de las Jornadas, quiero agradecer a la Fundación Pablo Iglesias por publicar este libro, como muestra del papel que la corriente IS-PSOE ha significado y significa en la historia reciente del socialismo español y en la vida política actual del PSOE. Y singularmente quiero expresar mi sentir a Alfonso Roldán, periodista militante de esta corriente en el seno del Partido Socialista, por la inestimable ayuda que me ha prestado para el buen fin de esta publicación.

Inauguración

Viçent Garcés Ramón

Esta mañana hemos celebrado una asamblea federal de Izquierda Socialista que teníamos previsto realizar antes de la pandemia. Y ha sido una gran asamblea federal. Sigue a un proceso que tuvimos el sábado pasado, el día 4 de septiembre, en toda España. La corriente de Izquierda Socialista se reunió en agrupaciones autonómicas, provinciales e insulares para elegir a los delegados que han venido aquí a constituir la asamblea y reiterar la voluntad de Izquierda Socialista de seguir contribuyendo al desarrollo del partido desde nuestra perspectiva y nuestros planteamientos, que a veces son coincidentes con la dirección del partido y a veces son discrepantes, como es bien sabido.

Pero siempre con esa perspectiva de no perder nunca el horizonte del socialismo. El horizonte de un partido con tantos años de historia como tiene el Partido Socialista, siempre comprometido con el avance de la sociedad y la transformación de aquello que molesta a la inmensa mayoría de la población.

Por tanto, esta mañana hemos hecho un acto de reafirmación de un socialismo de izquierdas, un socialismo comprometido con la sociedad, con las clases populares, con los trabajadores. Hemos hecho referencia abundantemente a la necesaria unidad de la izquierda como un motor de esa transformación. Hemos puesto como ejemplo la unidad de acción entre los sindicatos, Comisiones Obreras y UGT, y también esa historia, acumulada ya de la corriente, durante 40 años.

40 años de Izquierda Socialista, que son 40 años también del partido, con lo cual hay ya un largo tramo. Yo soy uno de los de la generación más mayor, pero ya hay un largo tramo de aporte, de capacidad, de voluntad, de energía para contribuir a que las

ideas del socialismo no se pierdan y que la organización de los socialistas mantenga esa pluralidad propia del socialismo. Eso hemos hecho esta mañana y queríamos hacerte un pequeño resumen y darte la palabra como presidenta del partido para que digas lo que quieras.

Antes, simplemente, una pequeña reflexión sobre la política internacional de nuestro partido, política que siempre ha interesado a Izquierda Socialista, en la medida de que ella es un buen reflejo de la política interior y de sus horizontes estratégicos.

Hoy la corriente de opinión Izquierda Socialista se recompone y se relanza tras un periodo de turbulencia interna que en gran medida la desfiguró. En este nuevo aliento la justicia social, la igualdad, el internacionalismo, la democracia y el pluralismo siguen siendo rasgos esenciales que orientan nuestra acción. Y, en particular, nos sigue preocupando la cierta debilidad de la política internacional del Partido y del Gobierno, cuando lo somos.

Voy a referir algunos ejemplos en dos espacios geopolíticos que por su historia y su realidad actual han de ser de especial atención para nosotros: el Mediterráneo y América Latina.

Existe una entidad llamada Asamblea Parlamentaria del Mediterráneo (APM) que, desde hace años, integra a prácticamente todos los parlamentos de los países ribereños, los parlamentos de los grandes países y de los pequeños, del norte, el sur y el este del *mare Nostrum*. Pues bien, el parlamento español no forma parte de la APM. No entró ni en la época de mayoría parlamentaria socialista ni en los periodos de mayoría de derechas. El Partido no ha impulsado las acciones necesarias para revertir esta inexplicable situación.

Otro caso significativo es el de las relaciones con Túnez y sus partidos políticos. Este país es uno de los pocos que tras las revueltas ciudadanas y populares de hace una década consolidó una nueva constitución democrática hoy en peligro. Uno de los partidos políticos más importante del sistema tunecino es *Ennahda,* partido islamista democrático que ha obtenido las primeras mayorías electorales y ha formado parte de prácticamente todos los gobiernos democráticos del país. Pues bien, no existe ninguna relación establecida entre nuestro partido y *Ennahda,* cuando ese partido, al igual que todos los democráticos de Túnez, requiere de todo nuestro apoyo para sostener la democracia y evitar la involución.

Y en América Latina, IS ha echado de menos una relación más estrecha y permanente con los partidos de izquierdas de aquel continente, que han configurado en muchas ocasiones Gobiernos populares sin contar con el necesario apoyo del PSOE. En particular, nunca hemos entendido la ausencia de relación directa con el Foro de Sao Paulo que agrupa a partidos de izquierdas de aquellos países, partidos de Gobierno o de oposición unidos por una voluntad común de democracia, progreso y transformación social. Uno de los casos más lacerantes ha sido la incomprensión de la realidad política de Venezuela.

Confiamos que, en los próximos tiempos, tiempos de multilateralismo, algunas de esas posiciones del PSOE sean revisadas.

Vicent Garcés, exconcejal de Valencia y exeuroparlamentario, ha sido Portavoz Federal de IS-PSOE. Pronunció estas palabras en la presentación de Cristina Narbona, a quien el pintor Antonio Camaró hizo entrega como presidenta del PSOE de la litografía de su obra *Jamás,* instalada en el memorial de Mauthausen, como homenaje a los españoles que fueron exterminados en ese campo de concentración durante la Segunda Guerra Mundial.

Cristina Narbona Ruiz

Queridas compañeras, queridos compañeros. Amigos y amigas, muchísimas gracias por haberme invitado a inaugurar estas jornadas tras vuestra asamblea celebrada hoy. Para mí es un placer. Yo me siento la presidenta de todos y cada uno de los militantes socialistas. Por lo tanto, creo en la pluralidad. Creo en la diversidad de opiniones y en las discrepancias. Discrepancias que hemos de ser capaces de gestionar desde posiciones bien argumentadas y potentes y, sobre todo, en el tiempo en el que nos ha tocado vivir. Creo que esta conmemoración de los 40 años de Izquierda Socialista se produce en un contexto muy especial y extraordinariamente interesante.

En primer lugar, porque estamos en la recta final de preparación de nuestro 40 Congreso Federal. Quiero agradecer expresamente a Izquierda Socialista que estas jornadas sirvan también para hacer un debate, para hacer aportaciones, para hacer una lectura de la ponencia marco del Congreso Federal. Yo os invito a que hagáis enmiendas. A que trabajéis sobre los textos que han ocupado parte del trabajo en la Ejecutiva Federal y las coordinadoras de la Ponencia Marco en los meses pasados. Es muy importante que en este momento contemos con vuestro impulso y con vuestra contribución desde la crítica constructiva. Es importante para que sigamos avanzando. Los socialistas, por definición, no podemos dejar de luchar porque sigue habiendo muchas cosas que cambiar en una sociedad con grandes desafíos. Hemos de intentar consolidar y profundizar en un proyecto político renovado, a la altura de las circunstancias del siglo XXI.

Tenemos que conseguir, por ejemplo, que nuestras agrupaciones sean mucho más vivas y mucho más conectadas con la sociedad; mucho más interactivas con las personas que, sean o no simpatizantes, son, en muchos casos, activistas de la sociedad civil, empezando, por supuesto, por los compañeros sindicalistas, pero también con miembros de organizaciones sociales de todo tipo.

Debemos intentar tenerlos junto a nosotros en el debate y la propuesta y, en particular –algo que me preocupa extraordinariamente–, debemos evitar el alejamiento de los jóvenes de la actividad de los partidos políticos, y en concreto, del nuestro. Se trata de una prioridad y así lo hemos planteado desde la Ejecutiva Federal.

En este sentido, el Gobierno ha puesto sobre la mesa un plan de choque pensando en ellos, porque la situación de incertidumbre que viven en relación a la vivienda o el empleo ha acentuado el desapego de las personas que van a ser responsables, tanto en el ámbito público como privado, de la sociedad de los próximos años.

Si hasta ahora no hemos sido capaces de tener una mayor conexión con los jóvenes, ha llegado el momento de analizar por qué. También ha llegado el momento de convertir, como comentaba antes, nuestras agrupaciones en foros de libertad absoluta de expresión, de debate, de diálogo… Todo ello invocando a la lealtad a quienes elegimos como secretario general de nuestro partido a nivel federal o como secretarios generales de cada uno de los territorios.

La lealtad no está reñida en absoluto con la discrepancia argumentada y con el debate. Eso nos tiene que diferenciar de otras formaciones políticas: el ser capaces de gestionar nuestra diversidad, nuestra pluralidad. Desde esa energía y con ese potencial, hemos de construir las propuestas para un mundo futuro más justo, más seguro y un futuro en el que el progreso sea más duradero, porque cuando aseguramos que comienza la recuperación económica tras la pandemia, tenemos que tener muy claro que esa recuperación no signifique volver a lo que había antes. No, esto tiene que ser la oportunidad para llevar a cabo los cambios necesarios en materias como, por ejemplo, el mercado de trabajo o el mercado de la vivienda. No podemos olvidar que tanto el trabajo como la vivienda son derechos, no son mercancías. Y ahí tiene que estar el Partido Socialista, ofreciendo alternativas a la juventud, atendiendo a sus necesidades más básicas como es su derecho a la emancipación.

He compartido con muchos de vosotros, y con otros compañeros y compañeras de Izquierda Socialista, momentos importantes a lo largo de mi vida política. Puedo remontarme a las primeras primarias en las que resultó elegido Josep Borrell con el apoyo de Izquierda Socialista. Después, formé parte de la lista de Fernando Morán en el Ayuntamiento de Madrid, también con el apoyo de compañeros de Izquierda Socialista. Recuerdo con especial cariño a Carlos López Riaño. Más tarde llegó la etapa de José Luis Rodríguez Zapatero y tuve el honor de ser ministra con él y creo francamente que fue un secretario general que mantuvo un diálogo sincero y abierto con la corriente Izquierda Socialista. Luego vivimos otros procesos como el que enfrentó a dos queridos compañeros que ya no están con nosotros, Alfredo y Carme, Alfredo Pérez Rubalcaba y Carme Chacón. Y también en este caso coincidí con la posición de Izquierda Socialista apoyando a Carme Chacón. Por último, he apoyado a Pedro Sánchez como secretario general de nuestro partido, como lo hizo Izquierda Socialista. De hecho, aquí están algunas personas de las que más le respaldaron en los momentos más difíciles.

Por todo ello, mis palabras hoy son de agradecimiento por el esfuerzo que habéis hecho para llegar hasta aquí, para intentar recomponer la corriente, para abrir un nuevo espacio de participación dentro de nuestro partido. Ahora bien, no podemos olvidar que estamos acercándonos a la cita que tenemos cada cuatro años y hemos de ir más allá, tenemos que ser más ambiciosos porque en estos momentos la democracia está amenazada.

Están seriamente amenazados derechos y libertades que quizás algunos pensaban que eran irreversibles: la igualdad de la mujer; el respeto hacia las personas, independientemente de su identidad sexual o de género; o la integración de los inmigrantes. A lo largo de las últimas semanas, muchos momentos nos han demostrado hasta qué punto tenemos la obligación moral de defender desde la democracia los logros obtenidos, y para ello, todos los hombres y todas las mujeres de todo el Partido Socialista y, por supuesto, todos los hombres y todas las mujeres de Izquierda Socialista, estamos convocados a esa batalla que solo se ganará desde el ejemplo, desde la honestidad, desde las buenas prácticas, desde la capacidad pedagógica de la acción del Gobierno que muchas veces no llega a todo el mundo. Y tenemos la obligación de capitalizar ese esfuerzo del Ejecutivo para hacer entender que se trata de un Gobierno que está intentando salir de esta crisis de una forma muy diferente.

También, si queremos más democracia, tenemos que empezar por tener más democracia en nuestro propio partido peleando por profundizar en la democracia interna. Ahí siempre quedan cosas por hacer, porque debemos hacer un llamamiento a la responsabilidad individual de cada uno de nosotros y de cada una de nosotras. Lo importante de las normas no es que se aprueben, es que se cumplan, que haya transparencia y rendición de cuentas.

Y quiero terminar mencionando a una mujer de Izquierda Socialista a la que tengo especial cariño y con la que paseé por las calles de Valencia cuando ella era candidata a la alcaldía de la ciudad, Ana Noguera, que hoy no está con nosotros pero que ha dedicado a Izquierda Socialista un cordial recuerdo desde las páginas de la Fundación Sistema. Estoy segura de que todos vosotros, junto conmigo, la recordáis con afecto.

Muchísimas gracias.

Cristina Narbona Ruiz es presidenta del PSOE.

Razón de ser de Izquierda Socialista

Manuel de la Rocha Rubí

Buenas tardes a todas y a todos. Quiero empezar agradeciendo la presencia de la presidenta del partido Cristina Narbona y del secretario general de UGT Pepe Álvarez, que son mis dos organizaciones, a las que me afilié hace ya 49 años. En aquella época se entraba en las dos organizaciones a la vez porque había una especie de solapamiento. Luego, se fue produciendo una separación, una autonomía entre ambas. Y quiero agradecer también, la presencia de Javier Ayala, alcalde y sucesor mío en el Ayuntamiento de Fuenlabrada, de Juan Lobato y de Eva Llarandi que han presentado su candidatura en las primarias para la Secretaría General del PSOE de Madrid, proceso que espero encaremos bien en las próximas semanas.

Como estamos celebrando los 40 años de Izquierda Socialista, nos parecía importante e interesante comenzar con una reflexión acerca de qué sentido tiene, cuál es la razón de ser, de que exista una corriente de opinión que se llame Izquierda Socialista. Porque hay una cuestión que mucha gente y muchos miembros del partido o de nuestro espacio político y cívico se preguntan: ¿Por qué hablar de una izquierda dentro del PSOE? ¿Pero no es el PSOE un partido de izquierdas? Efectivamente, esto no es un galimatías, es una pregunta que es pertinente y que requiere una explicación.

La respuesta en mi opinión es clara. La izquierda es plural y el socialismo también es plural. Un partido como el PSOE, que ha gobernado, que gobierna y que aspira a seguir gobernando un país moderno, un país abierto, un país plural, tiene que conseguir amplias mayorías. Y eso implica aglutinar votos de sectores sociales que tienen a veces intereses no coincidentes, orígenes ideológicos, matrices culturales que no son idénticos, que incluso en algunos casos difieren, aun dentro de una misma coincidencia histórica, de propuestas programáticas aprobadas democráticamente en los congresos.

La historia del PSOE ya desde su fundación está marcada en momentos clave por discrepancias importantes entre sus dirigentes, entre sus cuadros, entre sus militantes. Las diferencias entre Pablo Iglesias y Jaime Vera; o más tarde entre el Largo Caballero y Besteiro acerca de la conjunción con los republicanos; o de Largo Caballero e Indalecio Prieto sobre la participación de los socialistas en los gobiernos de la República; o de Prieto y Juan Negrín en las relaciones con el PCE ya en la Guerra Civil. Siempre han existido este tipo de discrepancias, muchas de las cuales no eran estrictamente coyunturales, sino que respondían a movimientos, a posiciones, a actitudes de fondo que diferenciaban a unos y a otros.

Después de la Segunda Guerra Mundial la izquierda europea, no sólo el comunismo, se mostró muy dividida. Los socialistas, recordaréis los más veteranos, estaban claramente diferenciados entre la socialdemocracia alemana de Bad Godesberg y los socialismos del sur, que estaban más influidos por el marxismo y eran más autogestionarios. Había una diferencia de posiciones, de actitudes dentro de un marco común. Y ese pluralismo de los socialistas se canalizó en Europa de diversos modos: en partidos más férreos, más dogmáticos, más cerrados y partidos más abiertos, de corrientes, unas más organizadas, otras menos, como en el nuestro, en que el pluralismo se canalizó a través de las corrientes de opinión.

Hablar, por tanto, de un socialismo de izquierdas aquí y ahora significa también la constatación de que en el PSOE actual y en el PSOE pasado han existido siempre dos almas: un alma más liberal, más social-liberal, y un alma más a la izquierda. Un alma más social-liberal que, si me permitís, insiste más en el mercado y su dinamismo, en la competitividad, en la flexibilidad laboral, en el equilibrio presupuestario, en la igualdad de oportunidades, incluso en muchos momentos, en las privatizaciones para que sean los empresarios privados los que saquen adelante sectores productivos. Un sector social-liberal que muchas veces busca o cree que hay que adecuarse a intereses o necesidades de ciertos sectores de la ciudadanía. Por ejemplo, con los ajustes de impuestos en determinados momentos de nuestra historia política para obtener el voto moderado de centro.

Y hay otro ala, un socialismo más a la izquierda, que abunda en la igualdad como factor para el ejercicio de la libertad en una sociedad democrática, que se inclina más por la igualdad final y real que por la de oportunidades, sin excluir a ésta, que insiste más en el papel del Estado, en la redistribución, en la mejora de las condiciones de los trabajadores y desempleados y en la perspectiva de su emancipación.

Estas son como dos grandes corrientes, dos grandes movimientos que aglutinan, que se incorporan, que forman parte de nuestra historia y del Partido Socialista Obrero Español y de los partidos socialistas y las fuerzas socialistas europeas.

Y como instrumento de acción política, hay un modelo de partido que prima la uniformidad como criterio y expresión de la unidad, y hay un modelo de partido que prima que la unidad se basa en la pluralidad, en la democracia y participación de los militantes y en la integración de las corrientes.

Tras la muerte de Franco, en los primeros años, el PSOE compartía mayoritariamente los valores del socialismo de izquierdas. En aquella época los dirigentes de la izquierda del partido, Luis Gómez Llorente, Pablo Castellano, Paco Bustelo formaron parte de la dirección del Partido Socialista, eran miembros de sus comisiones ejecutivas. Incluso hubo en aquella época un acuerdo básico en el modelo de transición a la democracia, entendiendo que era necesario el consenso constitucional.

Hoy, con la reivindicación de la memoria histórica, hemos ido viendo las limitaciones de aquel proceso de transición. Pero en aquella época la visión era muy homogénea, más común, más compartida por todas las fuerzas democráticas. Las diferencias saltaron, lo sabemos, algunos lo vivimos, otros lo conocéis y lo habéis leído, en el 28 Congreso de mayo de 1979 con la dimisión de Felipe González. Y por primera vez apareció aglutinado lo que se llamaba entonces el sector crítico: la izquierda del PSOE.

El pasado 16 de noviembre de 2020 no pudimos celebrar, por la pandemia, que cuarenta años atrás, el 16 de noviembre de 1980, en un acto histórico celebrado en el salón de actos de la calle de Tomás Bretón, la sede de la de la Federación Socialista Madrileña, en el que participamos más de mil militantes, se presentó la corriente de opinión Izquierda Socialista con un manifiesto fundacional encabezado precisamente por Gómez Llorente, Pablo Castellano y Paco Bustelo. El manifiesto afirmaba la voluntad de revitalizar la democracia interna, impulsar el debate político y contribuir al rearme ideológico del partido y a su proyecto histórico emancipador como partido de clase frente al riesgo de la derechización, de convertirse en un partido radical y también frente al cesarismo y al culto a la personalidad. En aquella época Gómez Llorente ya denunciaba que el PSOE se estaba convirtiendo en un sindicato de cargos públicos.

El reconocimiento formal de Izquierda Socialista se produjo en una Conferencia de Organización que tuvo lugar en el mes de marzo de 1981, donde se aprobó por primera vez el Estatuto de las Corrientes de Opinión. En este momento quiero recordar a dos personas que no están con nosotros y que entonces fueron claves para este proceso.

Una fue Carmen García Bloise, secretaria de Organización, que tenía muy clara la idea porque venía del exilio, venía de Toulouse, venía de la experiencia del modelo de corrientes del Partido Socialista Francés y no del modelo de tendencias organizadas. Las corrientes de opinión se configuraban como conjuntos de compañeros y compañeras que se aglutinan alrededor de unas propuestas políticas con un sistema de adscripción y coordinación flexible, unos más integrados, otros menos cercanos, y con dos límites: no había censos, ni había financiación estable. La otra persona es el añorado Txiki Benegas, que tanto hizo también para que Izquierda Socialista pudiera funcionar libremente, con libertad plena en el seno de nuestro partido.

Voy a introducir aquí una pequeña reflexión más personal, para luego pasar al fondo de la política, aunque ésta también es política, no sólo es historia y no solo es añoranza. Yo siempre he sostenido que la creación de Izquierda Socialista fue una conquista a medias porque hoy el Partido Socialista no es un partido de corrientes, sino que es un partido "de corriente". Solo hay una corriente y hay una mayoría amplia de militantes, hombres y mujeres del partido, que se pueden sentir cercanos a las posiciones de la izquierda del socialismo, pero que prefieren navegar en esa situación cómoda de estar en una mayoría difusa alrededor de los dirigentes de cada momento.

Nosotros siempre hemos defendido nuestro sentido de pertenencia al Partido Socialista Obrero Español, a la tradición del socialismo español que encarna el PSOE. Y eso forma parte de nuestra seña de identidad como socialistas, como militantes y como partícipes de esta corriente de opinión, pero con conciencia clara de que la Izquierda Socialista no era, ni es, ni será la única izquierda en el seno del PSOE. Hay muchos militantes y muchos sectores que también sienten que forman parte de ese sector de la izquierda, o de esa posición de la izquierda, y que consideran que no tienen por qué necesariamente estar con nosotros, de ahí que en muchos momentos hayamos coincidido con ellos. Cristina Narbona se refería a algunos de esos momentos. Yo recuerdo bien cuando apoyamos a Josep Borrell en las primarias a la Secretaría General frente a Joaquín Almunia, sencillamente porque Borrell pertenecía a la izquierda del partido y Almunia se situaba más bien en el otro espacio, más social-liberal, dentro del partido. Ambos dignos compañeros de esta organización. Por tanto, de alguna manera habrá que ir a un ala izquierda más amplia en la que converjamos con muchos otros compañeros y compañeras y en la que nosotros seamos un factor central.

¿Cuáles son los temas objeto de debate y de diferenciación en el seno del Partido Socialista a lo largo de estos años? Creo que entonces fueron los mismos que hoy. Permitidme que hable de cuatro temas que creo que son los fundamentales y que constituyen el debate permanente en el seno de nuestro partido.

El primero, el ideológico, la definición de las señas de identidad del socialismo: cuál es la razón de ser del socialismo, del Partido Socialista. En la época de Felipe González hubo un debate ideológico por lo que significó de sentimiento de pérdida del referente histórico del marxismo, que fue sin duda un debate simbólico, pero muy importante. Aquello implicaba un cambio de orientación. Aquel hecho implicaba, por tanto, una apertura, una orientación diferente. Después, en los años 90 y hasta hoy, la hegemonía del pensamiento neoliberal en Europa y en Estados Unidos hizo que una parte del Partido Socialista se contaminara de ese pensamiento neoliberal y tuviera una gran influencia en la política de los socialistas. Hubo privatizaciones, desregulaciones, adecuación a la globalización financiera y defensa de la autonomía de los bancos centrales frente a la política: la autonomía de las finanzas frente a la política, limitando el papel de la política en la globalización. Lo que tuvo también consecuencias en relación con el movimiento sindical, con los sindicatos, más singularmente con la UGT, que entró en un proceso de autonomía y de unidad de acción con el otro gran sindicato de nuestro país para poder tener libertad de criticar a los gobiernos. Quiero aquí recordar que la UGT promovió huelgas generales contra Felipe González y otros gobiernos socialistas y que Izquierda Socialista, en un momento clave, apoyó la huelga del 14-D con la UGT.

Hoy esa alma liberal sigue existiendo y sigue actuando. No pensemos que esto es el pasado. Es el presente. Probablemente se dará también en el futuro. Cuando muchas veces desde medios interesados se nos dice que hay un debate en el Gobierno entre los socialistas y los de Unidas Podemos, pues no, no suele ser así. Lo que suele haber es un debate entre el sector más social-liberal del Gobierno, de los socialistas, con otros socialistas del Gobierno o de fuera del Gobierno y con la gente de Unidas Podemos.

Esto se ve claro en los temas como el salario mínimo, como la derogación de la reforma laboral, como la banca pública, como la adopción de políticas públicas o instrumentos públicos para hacer frente a esta deriva del coste de la electricidad absolutamente insostenible. Los dos modelos siguen vivos y no son modelos en donde sea el PSOE contra Unidas Podemos. Es una visión del socialismo más social-liberal y una visión del socialismo más de izquierdas.

El segundo tema de debate, siempre presente en el partido, entre los sectores y alas que lo configuran, es el de la política de alianzas. Es decir, la discusión sobre qué fuerzas políticas o sociales son más afines al PSOE para poder llevar a cabo su programa de reformas aprobado en sus congresos. Hasta Felipe González, los congresos del partido siempre tenían un punto sobre política de alianzas, una comisión para tratar la política de alianzas. Felipe planteó aquello de la autonomía del partido, del proyecto autónomo, sencillamente para no tener que someter la política de alianzas a los delegados y así poder pactar él libremente en cada momento, lo que hizo normalmente con el nacionalismo moderado catalán en lugar de con otras fuerzas políticas de izquierdas.

Desde Izquierda Socialista siempre hemos apostado porque, cuando el PSOE no tuviera fuerza suficiente para gobernar solo, hubiera un entendimiento con otras fuerzas de la izquierda, políticas, sociales, y sobre todo sindicales.

Por eso, ahora que tenemos un Gobierno de coalición con una fuerza de izquierda, quiero aquí decir, en nombre propio, pero creo que en nombre de toda la gente que nos reclamamos de Izquierda Socialista, que nos hacemos cargo de este Gobierno, porque este Gobierno es una de las aspiraciones que teníamos: si el PSOE no podía gobernar solo, que gobernara con fuerzas a su izquierda. Porque no nos engañemos, no nos olvidemos, todavía resuena el eco de esa batalla política que hubo, de aquella parte del PSOE y de dirigentes del PSOE que querían una gran coalición o un pacto con Ciudadanos.

En tercer lugar, siempre ha habido un debate sobre el modelo de partido, el alcance de la democracia interna. En la historia de los últimos 40 años el problema de la integración de las minorías, el voto individual en los congresos, la proporcionalidad en los órganos de dirección colegiados…, hoy nos parece algo obvio, pero esto fue objeto de serios e importantes debates en los congresos, en los comités federales a lo largo de todos esos años, incluso el tema de las primarias para la elección de cargos y candidatos. Tengo que recordar aquí que quien habló en primer lugar de las primarias como forma de elección de los secretarios generales o de los candidatos a los puestos de dirección del Gobierno de España, o de los gobiernos autonómicos, o de las alcaldías fue Izquierda Socialista. Además creemos que deben abrirse a los simpatizantes como ocurre prácticamente en todos los partidos socialistas y socialdemócratas de Europa. Aunque hoy tenemos ya un sistema de primarias que funciona, somos conscientes también de que supone una mayor concentración de poder en el líder, en detrimento incluso del funcionamiento de las corrientes de opinión, incluso con una ausencia o disminución del debate en los comités federales, lo cual requiere sin duda de contrapesos.

Y hemos vivido algunos de esos procesos con ciertas dificultades. Estamos en Madrid. Yo soy de Madrid, donde hemos vivido en los últimos años unos procesos de primarias en donde no ha habido neutralidad de la dirección y, por tanto, no había una verdadera autonomía política para elegir, aunque formalmente toda la militancia pudiera tomar su decisión, que se convertía en un respaldo acrítico del líder.

Así pues, significado y alcance de la autonomía del PSOE, modelo de partido y democracia, que significa también autonomía frente al poder económico y frente a los poderes mediáticos.

Y el cuarto tema de confrontación, o de división, o de diferenciación, o de debate es el modelo territorial. Un modelo de España centralizada, propia del nacionalismo español, arraigado en muchos sectores del PSOE, no lo olvidemos, frente a un modelo que propicia un federalismo plurinacional. Nosotros siempre hemos estado a favor del federalismo, del pluralismo de España nación de naciones, que no es un invento, es una expresión que utilizó Gregorio Peces Barba en el debate constitucional. La Declaración de Granada habla de federalismo; el 39 Congreso y la Declaración de Barcelona de julio de 2017 hablan de federalismo y del "carácter plurinacional" de España, una expresión que utilizó Alfonso Guerra en el Congreso de los Diputados cuando se debatió en 1979 el Estatuto de Cataluña, o Felipe González y Carmen Chacón en un célebre artículo publicado en *El País*. También Josep Borrell en su libro *Los Idus de Octubre*, o Pedro Sánchez en junio de 2017, entre otros muchos.

El problema es complejo para este país, para muchas capas sociales de ciudadanos, también de la izquierda, votantes de la izquierda. Pero el federalismo no es sólo una aspiración, probablemente sea la salida que podemos darle a la complejidad territorial e histórica de nuestro país. Por eso también se ha hablado siempre de que en el PSOE había dos almas: un alma jacobina y un alma federal. Cuando se leen los debates constituyentes y del Estatuto de Autonomía de Cataluña de la Segunda República, ya en el PSOE había ese debate, sobre si se hablaba o no de un estado federal y se acabó hablando de un estado unitario, pero ese debate ya existía. Y sigue existiendo.

El jacobinismo es un tipo de centralismo que se reclama de la Revolución Francesa y que considera racionalmente que desde un poder central se pueden hacer políticas de igualdad de todos los territorios y ciudadanos en mejores condiciones. Sin duda es una opción racional, pero no nos escapemos, también en el PSOE hay un alma muy vinculada al nacionalismo español para la que el federalismo es un grave problema, y si se hablara de federalismo asimétrico, un elemento de ruptura del país.

Estos son los cuatro bloques que permanentemente forman parte del debate de y entre los socialistas y en el que hemos participado y participamos Izquierda Socialista. Hemos incidido en muchos debates. Hemos estado en el debate de la OTAN; hemos estado en el debate del artículo 135 de la Constitución; hemos estado en la presentación de Pérez Tapias a secretario general con una alternativa que proponía "reubicar al PSOE en la izquierda", recordadlo, y que obtuvo casi 20.000 votos; hemos estado en la defensa del Estado de Derecho en aquel momento duro del GAL y de la política dura de una parte de las Fuerzas y Cuerpos de Seguridad del Estado; estuvimos en el apoyo a la UGT y al movimiento sindical el 14-D; en el apoyo mayoritario a Pedro Sánchez frente a Susana Díaz; en el pacto con Unidas Podemos y la oposición a la gran coalición; en la lucha por la igualdad de género; en la reivindicación de la memoria democrática; en la derogación de la reforma laboral del PP; también en la lucha para la derogación del artículo 315.3 del Código Penal que iba contra los sindicalistas; y en muchos otros debates.

Ahí hemos estado la gente de Izquierda Socialista con otra mucha gente, ¿pero qué hacer en el presente y en el futuro? En los últimos cuatro o cinco años, desde la dimisión de José Antonio Pérez Tapias como portavoz de Izquierda Socialista, hemos venido arrastrando una división interna que nos ha mantenido en el ostracismo, en la inoperancia política y en la confusión interna. Pero esa fase ha concluido. Esta mañana ha culminado un proceso democrático de renovación de los coordinadores, de las personas que nos representan ante la dirección del partido y ante el propio partido, de articulación de Izquierda Socialista. Hay que decir que en esa situación de división, con el apoyo, que hay que entender como excepcional, de la Secretaría de Organización Federal, se ha elegido una nueva Comisión Permanente Federal.

A partir de ahora la labor es ingente. La presidenta, Cristina Narbona, nos contaba la tarea de todos los socialistas, la necesidad de hacer avanzar este país, de mejorar, de no retroceder en tantas cosas como la derecha nos está intentando hacer retroceder. Contamos con una historia, con una tradición de presencia en el partido y de defensa coherente y leal de posiciones que en muchos casos han contradicho las adoptadas por los órganos dirigentes de la organización. Pero tenemos que retomar la defensa pública, interna y en la sociedad, especialmente en aquellas cuestiones que son fundamentales para el socialismo.

He hablado antes de algunas: el federalismo, el "encaje" de Cataluña en España, la política de alianzas, la denuncia de los acuerdos con la Santa Sede, la garantía de los servicios públicos de educación y sanidad, las pensiones. Últimamente, hemos escuchado a autoridades del Ministerio de Educación hablar mucho de la enseñanza concertada y queremos que hablen más de la enseñanza pública, de la necesidad de la enseñanza pública. También la fiscalidad como herramienta contra la desigualdad, la sostenibilidad medioambiental, la memoria democrática como memoria de las víctimas del franquismo, de aquellos que nos precedieron, que han estado callados siendo doblemente víctimas durante tantos años, o la política sobre migración y refugiados en el contexto de la política europea, entre otros muchos temas. Sin olvidar la defensa de los valores republicanos y del laicismo.

Y lo digo aquí: también la posibilidad legal de una consulta específica sobre la definición del modelo de Estado, que anunció Luis Gómez Llorente en el debate constituyente. En aquel debate, cuando se abordó el artículo sobre la forma de Estado, sobre la monarquía, Luis Gómez Llorente defendió la posición, no sólo del grupo parlamentario, sino de toda la dirección del Partido Socialista Obrero Español, diciendo que "somos republicanos y que aceptaremos la decisión que salga mayoritariamente en la Constitución, pero también que creemos que las instituciones no pueden ser sucesorias. Y añadió que "algún día otras generaciones tendrán derecho a volver a poder plantearse y decidir sobre la forma de Estado".

Junto a ello, las políticas sobre las condiciones de vida y trabajo; las relaciones con los sindicatos; la derogación, vuelvo a decirlo por tercera vez, de la reforma laboral del PP; la igualdad salarial entre hombre y mujer; la garantía de las pensiones..., son temas sobre los que tenemos que tener una posición clara ya. La tenemos, pero debe ser pública y exponiendo lo que hacemos.

Y termino con una última referencia. Tenemos también que hacernos cargo de la batalla cultural que está dando la derecha para enfrentarnos a ella. Batalla cultural que está presente en esa reivindicación de un españolismo rancio en el que nos tienen metidos y que está presente en todo este entramado, que yo conozco bien por mi profesión, de la judicatura y de lo que alrededor de la judicatura se mueve, que parece que somos nosotros los que queremos politizarla cuando está politizada de una manera nítida en ciertos cargos, en ciertos tribunales, en ciertas posiciones a favor de la derecha, que no quiere cambiar ciertos organismos porque esa mayoría suya podría cuestionarse. Y también esa batalla cultural que está en la continua estigmatización de la historia de la izquierda. Hay un Proyecto de Ley de Memoria Democrática excelente, presentado por el Gobierno en el Parlamento, y sin embargo, en Madrid pretenden quitar el nombre de las calles de Largo Caballero y de Indalecio Prieto y han vuelto a promover el nombre de Millán Astray porque un tribunal ha dicho que no estaba claro que fuera franquista o que fuera un golpista.

Padecemos un renacimiento del franquismo ideológico en la historia. Tenemos que hacernos cargo de esa batalla cultural. Permitidme que termine con una frase que ha escrito recientemente nuestro compañero y amigo Antonio García Santesmases, que está aquí presente, y que afirma que "si alguien tiene legitimidad para reivindicar los valores del pablismo y del movimiento obrero, la memoria republicana y los principios del laicismo, el federalismo, la plurinacionalidad y los retos de las políticas de la multiculturalidad; si muchos socialistas están vinculados con el movimiento sindical singularmente con UGT, ese alguien, dentro del mundo socialista, es Izquierda Socialista. No somos los únicos, pero si alguien está legitimado, nosotros lo estamos plenamente".

Compañeros y compañeras, celebramos 40 años y ésta sigue siendo nuestra tarea.

Muchas gracias.

Manuel de la Rocha Rubí, abogado de UGT y exdiputado socialista, ha sido portavoz federal de IS-PSOE. Fue presentado por Blanca Fernández, de La Rioja, miembro de la Coordinadora Federal de IS-PSOE.

El valor de la Memoria Democrática

Andrés Perelló Rodríguez

Buenas tardes compañeras, compañeros, amigas y amigos. La verdad es que tenía que hablar esta tarde de memoria histórica Carmen Calvo, pero como sabéis ha habido cambios en el programa y vendrá mañana. Voy a intentar hacer un recorrido de brocha gorda sobre este proyecto, ya de ley. Pero antes, saludaros también como miembro de esta corriente desde hace mucho tiempo. No sé si demasiado, aunque dice la canción, que 20 años no es nada si es feliz la mirada y yo, las miradas que veo, son todavía felices, e igualmente, 40 años no es más que el doble de nada, que es lo que lo que pueden suponer en la historia de la humanidad.

En estos 40 años lo que hemos hecho ha sido sentar bases para que otros puedan seguir y continuar aportando y avanzando en ese compromiso que tenemos, y que no es nada más que un compromiso voluntario, no es forzado. A nadie le obligan a hacer política; a nadie le obligan a ser cargo público; a nadie le obligan a tener responsabilidades. Pero cierto es también que es una obligación y un derecho porque la cosa pública la tenemos que atender entre todos. Digo esto porque hay gente que dice, cuando tiene un cargo con mucho trabajo, "es que estoy agotado". Pues si está agotado, tiene fácil solución, dimitir y asunto concluido.

Todo el mundo sabe que Izquierda Socialista ha tenido una situación infrecuente en estos últimos años, pero que al final hemos resuelto con mucha holgura. Y cuando alguien me decía "es que menudo problemón", yo contestaba que hay un escritor que decía que los italianos son estupendos en el drama, pero no hay nadie como los españoles para la tragedia, porque hacemos de cualquier cosa una tragedia.

Yo nunca pensé que lo nuestro iba a ser trágico por una sencilla razón, porque de los problemas, de las grandes adversidades, de las grandes circunstancias se sale siempre si se tiene voluntad, compromiso, valores y principios. Sobre todo, si esas dificultades se plantean en política. Y con el tiempo que llevamos algunos, sabemos que si algo ha fallado, nunca han sido los valores, los principios, la voluntad, el compromiso y el sentido de lo colectivo. Antiguamente, yo decía "en peores plazas hemos toreado", pero ahora que soy mayor, digo: "en peores plazas me han toreado". Y sabíamos que esto se resolvería como se ha resuelto, con diálogo, con voluntad, con confianza y con la mirada alta; mirando hacia adelante. Nosotros solos como corriente no vamos a poder liderar la izquierda en el mundo, ni siquiera en Europa, ni siquiera en España, pero sí podemos colaborar a que el partido lidere la izquierda, y cuanto más ampliamente, mejor.

La izquierda en Europa está muy malita, está, en algunos lugares, prácticamente desaparecida. Quién nos iba a decir que el Partido Socialista Francés, con lo que ha sido, habiendo presidido la República, hoy iba a ser prácticamente inexistente. Quién nos iba a decir que iba a existir un Gobierno de coalición de izquierda en Europa y que en algunos lugares habría inventos extraños y en otros personalidades traídas con paracaídas para colocaras tras haber dirigido grandes bancos para sacar el tema adelante ante la carencia de ideas. Es una oportunidad y es una obligación tratar de adelantarnos, de inventar el futuro; y por eso tenemos que seguir aportando propuestas y planteamientos en nuestro partido.

Lo veremos nosotros o no, como algunas de las grandes aspiraciones que tenemos cuando hablamos, por ejemplo, de República, pero tenemos que seguir para que algún día sea realidad. Por eso, lo que hemos hecho aquí es importante, y tenemos que seguir haciéndolo más allá de que la aspiración pueda estar más o menos lejana para los que nos sabemos mayores. No olvidemos que nuestra presencia en los debates es importante y que gracias a ella se logran avances. Avances no solo para los que los ponemos en marcha, sino para los que nos sucederán.

Hace apenas cuatro años, el 14 de diciembre de 2017, el secretario general del partido, que todavía no era presidente del Gobierno, estaba en el paredón de fusilamiento del cementerio de Paterna presentando una proposición de ley que llegó al Congreso, pero que bloqueó la mayoría de la derecha: de Ciudadanos y del Partido Popular. Tras acabar el Congreso [del PSOE], con el equipo que teníamos en la Secretaría junto con otras personas como, por ejemplo, Joan Garcés, Baltasar Garzón o Martín Pallín, y el responsable de la Secretaría, que en aquel momento era Fernando Martínez, hoy secretario de Estado, planteé ir a hablar con José Luis Rodríguez Zapatero porque pensábamos que la ley existente se había quedado corta y que había que dar un gran paso adelante. Él me dijo: "yo llegue hasta donde pude, llegad vosotros hasta donde podáis, hasta lo más lejos posible. Tenéis mi aval".

A partir de ahí empezamos a tramitar una proposición de ley y otra sobre la eutanasia y planteamos una propuesta de transparencia bancaria y expusimos la salida de Franco del Valle los Caídos, para muchos, entonces, algo imposible. De ahí lo de la tragedia de los españoles, porque todo parece imposible. Sin embargo, hoy parece que Franco nunca haya estado en el Valle los Caídos, ya se nos ha olvidado, pero hubo que sacarlo. Algunos así lo dijimos, inocentemente, un día durante el homenaje de la masacre del Pozo Fumeres de Asturias, en el que había prensa. Yo lo dije y salió una primera portada de *El País*. Dije no que no hacía falta una ley nueva, simplemente había que cumplir la ley porque, si el Valle era para los caídos, ese señor no había caído en ninguna batalla, a no ser que se cayera de la cama o por las escaleras de El Pardo. Por tanto, no debía estar ahí dentro, así de sencillo. Pero además, había una necesidad histórica de hacerlo y una resolución del Congreso de los Diputados que lo pedía.

Cuatro meses después empezamos las gestiones para sacar a Franco. Pero es que, además, el 6 de abril de 2018, yo estaba recurriendo el ducado de Franco, recurso que resolvió el ministro de Justicia el día de la moción de censura por la mañana, viendo ya que el Gobierno se le iba de las manos, para que el que entrara no pudiera hacer nada. Después vino el Pazo de Meirás y todo lo que ya conocéis.

No digo yo que todo esto viniera de la mano de Izquierda Socialista pero sí que ahí estuvo Izquierda Socialista. Como también estuvimos en el debate sobre el Gobierno de coalición, apoyando lo que luego sucedió mientras algunos compañeros, legítimamente, tenían dudas. Otros no las tuvimos. Otros dijimos aquella frase que alguien decidió vender en plaza pública y que la reproduce Jesús Cintora en su libro *La Conjura*: "vale más una mala coalición que unas buenas elecciones", como efectivamente se demostró porque fuimos a unas elecciones en las que perdimos senadores y perdimos diputados.

Digo todo esto para que pensemos que solo se pueden consolidar nuevos avances sin olvidar los anteriores. Estos han de ser una base sólida para la acción porque, como suelo decir, nosotros moriremos y posiblemente alguien se acordará de nosotros, pero, con el tiempo, solo se acordarán de lo que hagamos, porque somos lo que hacemos. Cuando yo termine esta charla todo habrán sido exhalaciones de vapor que ya no estarán en el ambiente. Y por tanto, si alguien alguna vez se acuerda de mí, como de Joan Garcés por otros motivos mucho más honrosos que el mío, como de Isaura y de los demás, será por lo que hemos sido capaces de plasmar en documentos, de publicar en el BOE para cambiar la vida de las personas.

Cuando se planteó la proposición de ley de memoria, que algunos consideraron demasiado ambiciosa y, como siempre, de imposible aprobación, nosotros pensamos que era una buena ley, porque en 10 años surgieron documentos de la ONU y otros organismos internacionales pronunciándose sobre la memoria histórica que no existían cuando se aprobó la Ley de Memoria del Gobierno o de Zapatero. Además, se aprobaron leyes autonómicas al respecto más avanzadas; hubo resoluciones del Congreso de los Diputados; y escuchamos a Mariano Rajoy decir que no derogaba la ley de Zapatero pero que la dejaba sin presupuesto, lo que viene a ser lo mismo, o peor.

Ahí descubrimos que esa especie de privatización involuntaria de las exhumaciones que permitía aquella ley, hecha con la buena voluntad de Zapatero, pensando que no habría ningún gobierno que se atreviese a dejarla en seco, no iba a funcionar, porque de alguna manera las exhumaciones estaban "privatizadas", en manos de los memorialistas, y era el Estado el que pagaba. Y eso se demuestra en seguida que no funcionaba. Por tanto, planteamos que había que poner a la víctima como sujeto de esta Ley, había que asumir como Estado, como política pública de Estado las exhumaciones, igual que la salud, la educación o los servicios sociales, con la diferencia de que esta política tendrá un final, me refiero al día que encontremos al último desaparecido que esté en una fosa. Los memorialistas son la reserva de la Ley para controlar que el Estado cumpla sus obligaciones y para ser consultados mediante el Consejo de la Memoria.

Ha habido memorialistas, incluso algunos individualmente, que han mantenido una polémica, desde mi punto de vista bastante inapropiada, intentando relacionar la Ley de Memoria con la Ley de Amnistía. Daban a entender que si no se derogaba la Ley de Amnistía, la Ley de Memoria no valdría para nada. Yo recomiendo la lectura de un artículo de Jaime Sartorius en *El País*, donde explica lo contrario, y si usted sigue en esa tesis, lo que va a hacer es darle la razón a los jueces más conservadores que se acogieron a eso para no investigar ninguna exhumación y para no dar el visto bueno, para decir que eran restos que algunos los mandaban hasta a los capítulos de arqueología. Bueno, pues eso ya no pasa porque los principios de verdad, justicia y reparación nos llevan a que el Estado asuma como propia la necesidad de exhumar, también a hacer un banco de ADN y un censo de víctimas con los archivos abiertos a todo el mundo que necesite la documentación.

Además, está la creación de la Fiscalía de Sala de Memoria Democrática y el inventario para la reparación de todas aquellas expropiaciones que se pudieron hacer. Hay que ver cuántas, cómo y qué valor tienen para establecer por ese inventario las medidas de reparación, ¿por qué no? Cada vez que se dice eso, dicen que el Estado se arruina. O no. Nadie está diciendo que se pague mañana por la mañana todo un inventario que incluso el Banco de España tiene expedientes y un cálculo de euros por pesetas de lo que se expropió, que generalmente incluso tenían hasta ficciones de subasta.

Porque se hacía una subasta para robar los bienes de un alcalde republicano, o de una familia republicana, o de un médico republicano que tenía posibles, se hacía la ficción y se entregaba al jefe local de la Falange todo el patrimonio que tenía, incluida la cunita del bebé. Digo la cunita del bebé porque hay un acta de las que leí que después entregárselo todo, se dan cuenta de que no hicieron la entrega con la cunita del bebé y dice: "postdata, se añade la cunita del bebé", y se deja a la madre con el hijo y el padre fusilado, y una niña de nueve meses encima de las rodillas y una silla en toda la casa. Y le entregan la subasta al falangista del Movimiento.

Bueno, todo eso parecía una ensoñación. Los lugares de memoria quedan perfectamente recogidos, igual que la disolución de las fundaciones y asociaciones que hagan exaltación del franquismo y la dictadura. La eliminación de los vestigios, que todavía continúa habiendo calles franquistas. Eso de que un tribunal le diga a un Ayuntamiento que tiene que reponer me llama mucho la atención, incluso como municipalista que he sido. Oiga, usted mañana toma un acuerdo en el Pleno con sus competencias y ni la Ley de Memoria Histórica, ni nada. Usted cambia una calle y asunto concluido porque son sus competencias. Lo que pasa es que no la quiere cambiar. Almeida no la quita porque no quiere, pero en aquello que además no tenga ninguna confusión, se establece un capítulo de sanciones dentro de la propia Ley para quien no lo haga.

Porque estamos hablando de Almeida, pero yo quiero ser muy crudo con vosotros. Yo he tenido conversaciones con compañeros alcaldes en algunos pueblos, que por aquello del cálculo de votos, me dicen: "es que no pueden cambiar tal calle, porque…, claro, es que…, fíjate lo que supone que ahora la gente cambiase las tarjetas de visita…" Como todo el mundo sabe, todos los vecinos en los pueblos siguen con tarjetas de visita y van cada día a comprar el pan y dan una al panadero. Estamos todo el día en un intercambio de tarjetas de visita en todos los pueblos. O sea, una excusa que queda estupenda. Luego está la excusa de las cartas… Si no escribimos, si la cartera de Correos de mi barrio me dice que solo recibe de los bancos, que ya no escribimos, que está WhatsApp y los correos electrónicos.

¿Dónde está el gasto? Pero es que se molestan. Y dicen: "entonces, lo voy a someter a referéndum de la calle". Y yo digo: "pues mira, haces bien, y de paso somete a referéndum si quieren pagar el IBI, que a lo mejor resulta que lo pierdes porque a la gente no le gusta pagar". ¿Pero qué es esto de someter a referéndum una ley que aprueba el Parlamento? Lo que el Parlamento aprueba no se somete a consulta. Está aprobado por la Soberanía Nacional. Y eso en algunos pueblos con gobiernos de izquierda. Será por aquello de la mirada corta y el vuelo gallináceo de algunas autoridades que no tienen coraje. Hablo de lo que hemos podido ver incluso en nuestra propia casa.

Bueno, pues con la Ley se corrige, porque van a ser sancionados no solo los particulares, sino también las administraciones públicas que no lo hagan. Por tanto, el avance es inmenso y todavía va a mejorar porque hay un debate que se va a empezar y por tanto, todavía podemos incorporar modificaciones y sobre todo, hay algo mucho más importante en lo que se refiere a la memoria: la Ley garantiza que la Memoria Democrática entre en la escuela y que se explique de una puñetera vez qué ha pasado en este país.

Una cosa es que la Revolución Francesa se explique en media página: "y tomaron la Bastilla e hicieron la revolución". Transcurrieron unos pocos años…, pero bueno, vale. Y otra cosa es que pasemos de una República mal entendida a la cuestión del 78 como si hubiera pasado una exhalación por este país. Pero es que…, cómo la gente que está construyéndose, que está madurando, que tiene que criar hijos y no hámsteres, que tiene que responsabilizarse de ellos. Cómo la gente que tiene que tener luego presencia pública va a sostenerse teniendo un agujero en esa parte de su conocimiento. Cómo va a orientar su futuro, ignorando su pasado. Esto yo sé que va a traer cola, pero cuando se apruebe la ley, se tiene pensado empezar con el plan de la introducción de Memoria Democrática en las escuelas.

¿Por qué? Porque al final, todas las polémicas que a veces nos asustan, pasan. El lío que se montó con esa imagen tremenda, a los ojos de cualquier demócrata, de la ministra de Justicia sentada en un helicóptero junto al nieto de Franco, sin mirarse a la cara, con el cadáver para llevarlo a Monterrubio es además de impactante, el cierre de una etapa de nuestra historia.

Y cuando haya un debate sobre la memoria en las escuelas, que lo habrá, también se dirán barbaridades, pero pasarán, porque al final la razón se impone. Quienes tenemos argumentos, principios y valores, hemos de ser capaces de no guardarlos en el armario y sacarlos.

Lo que no tiene ningún sentido son esas polémicas estúpidas que a veces surgen en las redes sociales entre gente de izquierda, de Podemos y el PSOE. No tienen ningún sentido porque al final, ninguno de vosotros discute con Amancio Ortega, ni con las Koplovitz, ni con Patricia Botín. Discutimos entre vecinos y discutimos entre militantes. Ellos van a lo suyo. Por tanto, nosotros lo que tenemos que hacer es prescindir de lo secundario, defender estas campañas cuando lleguen, apoyar lo que el Gobierno de coalición está haciendo, y exigiendo. No digo que haya que decir que sí a todo lo que hace el Gobierno, pero aquello que coincide con nuestros principios y nuestros valores lo tenemos que defender sin ningún tipo de empacho. Porque a veces creemos que somos más de izquierdas por hacer más la contra a la propia izquierda.

Si queremos consolidarnos, debemos tener claro qué consolidamos y sobre qué avanzamos. Y sobre aquello en lo que estamos de acuerdo, no debemos tener ningún impedimento en defenderlo. Cómo no voy a defender al Gobierno de coalición si he propuesto que haya Gobierno de coalición en la Ejecutiva

Federal, si he colaborado en proposiciones de ley y luego en proyectos que están siendo aprobados y que van a cambiar la vida a las personas. ¿Qué porque tal ministro se peine para acá, o para allá, o la otra es un poco más neoliberal, o lo que le quieran decir yo no voy a defender al Gobierno…? ¿Pero de verdad pensáis que podemos tener en este momento una alternativa a este Gobierno mejor?

A la derecha ya la veis. Cuando nadie pensaba en Europa que la derecha podía llegar a algunos gobiernos con la extrema derecha, llegó. Y tampoco es una cosa nueva, es que cuando en los años previos al nazismo, a algunos intelectuales alemanes y austriacos les preguntaban sobre Hitler y decían que "ese imbécil de bigote imposible y voz aflautada no podría llegar nunca a ningún sitio"…, pues que santa Lucía les conserve el oído porque en la vista no mereció la pena que invirtiera. Porque fijaros lo que pasó después… No caigamos en lo mismo, en ser tan finos, en prescindir de aquello que por burdo que creemos que sea no puede pasar, porque al final pasa.

Y con esto me despido para daros ánimo, para que no consideréis que ni siquiera el tiempo este que hemos invertido en este debate nuestro ha sido inútil, porque yo creo que si analizamos bien, ha servido para clarificar posiciones, para darnos cuenta de que no se pueden construir estructuras como construimos las fallas en Valencia, que rascas y casi se ve el cartón. Hay que tener mucha solidez detrás para poder llegar a un lugar como este un sábado, y poder decir aquí estamos de nuevo; y escuchar mensajes como los que se están escuchando, que sólo se pueden dar con sinceridad si hay detrás una historia que te avala, que posiblemente es dos veces nada, pero que tiene mucho contenido y vale la pena mantener. Muchas gracias compañeros.

Andrés Perelló, exsenador y exeuroparlamentario, ha sido embajador en la UNESCO y miembro de la Comisión Ejecutiva Federal del PSOE. Fue presentado por Oti Armillana.

Igualdad

Isabel Andaluz Andaluz

Buenas tardes, querida ministra, querida Pilar. Bienvenida y muchas gracias en nombre de Izquierda Socialista, la corriente de opinión del Partido Socialista Obrero Español. Bienvenidos y bienvenidas todos a esta jornada, moderar esta mesa sobre igualdad y presentar a nuestra ministra de Justicia, la cuarta mujer que ocupa esta cartera en nuestro período democrático desde el año 78, no es solo un honor para mí, sino una magnífica oportunidad para que podamos disfrutar de su extenso bagaje y su acreditada experiencia en la defensa de la igualdad, tanto en su trayectoria profesional como institucional.

Pilar Llop es madrileña, jurista, licenciada en Derecho por la Universidad Complutense de Madrid, especialista en traducción jurídica, ha sido presidenta del Senado, delegada del Gobierno para la Violencia de Género, diputada en la Asamblea de Madrid, que es cuando tuve la suerte y el honor de conocerla; aprender con ella y de ella; y disfrutar de trabajar juntas. Gracias, Pilar. Letrada del gabinete técnico del Consejo General del Poder Judicial, magistrada desde 2004 y jueza de instrucción desde 2001 a 2011.

Hablar de igualdad, palabra femenina que en su origen y definición recoge significados como igual, equilibrado, conformidad, correspondencia, proporción, equivalencia, inclusión, equiparación, es lo que nos ha traído aquí esta tarde.

La equiparación y la inclusión de toda la ciudadanía en derechos y deberes, así como la necesaria igualdad de género, será una gran oportunidad para acercarnos más a nuestra realidad y a la necesidad de que la igualdad se aproxime al concepto del que nace para su reivindicación en defensa en la Declaración Universal de los Derechos Humanos, en la ONU en 1948. Aquello de "todo ser humano debe ser reconocido como un igual ante la ley, disfrutar de todos sus derechos, sin discriminación por motivo y nacionalidad, raza, creencias," etcétera.

Además de los términos anteriores y de manera muy breve, daré una pincelada con cada una de las letras que forman la palabra igualdad, con conceptos que para el socialismo democrático forman parte de nuestra identidad.

Por ello, la inclusión de la gente, de cada persona, ha de ser global y universal. Es decir, internacional, sin fronteras ni barreras. La defensa de las migraciones ha de ser acorde con los derechos humanos. La legislación debe estar actualizada y armonizada a las necesidades y vanguardias sociales que den oportunidades de vida digna a la infancia y a la juventud, que amparen y protejan las cuotas más elevadas de libertad. La libertad es el pilar fundamental de la democracia. No hay democracia sin libertad, ni libertad sin democracia. Por mucho que lo repitamos, tenemos que seguir insistiendo.

Por tanto, es imprescindible armonizar y priorizar desde todas las administraciones públicas y desde los poderes del Estado, los derechos humanos públicos y sociales, como el derecho a la justicia, a la educación, a la sanidad pública, como pilares, también fundamentales, para su defensa y consolidación; asimismo, en la actualidad, el ecologismo, el laicismo y nosotros, desde Izquierda Socialista, el republicanismo. Nuestra lucha constante e imprescindible para una sociedad más inclusiva, justa y con más equidad debe ser irrenunciable, porque esto será lo que haga de los derechos civiles y sociales, de las conquistas alcanzadas, como el feminismo, la diversidad, la atención digna en nuestros mayores y personas vulnerables, que sean respetados y no sean atacados; y que, sobre todo, sean puestos en valor ante posiciones de violencia de género, de ataques contra las personas LGTBI, o el abandono a la atención de mayores y personas con necesidades especiales.

No podemos retroceder en derechos, ni en leyes pioneras ni progresistas. La justicia y la igualdad hoy tienen la suerte de contar con una persona profundamente comprometida en toda su trayectoria, como ya he dicho, tanto personal, profesional como institucional, con los derechos y los valores más progresistas: la libertad, la democracia, la justicia y la igualdad. Y para que nos hable de igualdad, inclusión, equidad, diversidad, feminismo, justicia, violencia de género y de todo lo que ella quiera, la hemos invitado a estas jornadas.

Pilar Llop, ministra, tienes la palabra.

Gracias por estar aquí.

Isabel Andaluz, exdiputada a la Asamblea de Madrid, pronunció estas palabras en la presentación de Pilar Llop, ministra de Justicia.

Pilar Llop Cuenca

Buenas tardes, amigos y amigas. Me siento muy feliz de poder participar en este 40 aniversario de la constitución de Izquierda Socialista. Quiero felicitaros y daros la enhorabuena por este acto. Es un auténtico placer poder sumarme y estar en vuestra compañía, personas y personalidades de vuestra calidad humana y vuestra calidad intelectual y con vuestro compromiso, personas a las que quiero y admiro. Muchísimas gracias.

Estoy aquí porque me ha invitado personalmente Isabel Andaluz, mi querida amiga y compañera de la Asamblea de Madrid, donde estuvimos batallando cuatro años en la oposición. También quiero agradecer a Manuel de la Rocha. Gracias por la invitación y por la organización de este acto; a todo el equipo y a UGT que nos ha abierto sus puertas para albergar este espacio de debate, de escucha y de democracia. Gracias a Andrés Perelló, a Pedro Natael, a Diego López Garrido y a otros tantos amigos y amigas. Muchas gracias.

Hoy es un día importante. El 11 de septiembre de hace 20 años tuvieron lugar los ataques terroristas en Estados Unidos y no puedo comenzar a hablar sin mencionar a tres compatriotas que fueron asesinados en aquellos atentados. Silvia Sampío, tenía 26 años, estaba embarazada de siete meses y murió junto a su esposo de nacionalidad norteamericana. Jerónimo Domínguez, un policía que estaba realizando labores de seguridad y de rescate, y Edelmiro Abad, un empleado de banca destinado en las Torres Gemelas. Quiero enviar un mensaje, desde el respeto, de solidaridad y de amistad a sus familiares y allegados.

Como he comenzado diciendo, agradezco sinceramente vuestra invitación a un acto de esta categoría y trascendencia porque este tipo de actos son muy importantes para la militancia pero también lo son para el conjunto de la ciudadanía. Contribuir a la movilización y a la formación y hacerlo en torno a asuntos de gran relevancia política y social es la mejor forma de rendir homenaje a Izquierda Socialista. Habéis aportado en estos 40 años de vida, compromiso, valentía, activismo y sentido crítico, algo que se echa en falta hoy en día en nuestra sociedad.

Me parece muy oportuno que hoy hayáis querido hablar de igualdad porque es uno de los principales valores sobre los que se construye el socialismo. La libertad es fundamental, pero sin igualdad no tenemos libertad. En un acto del Partido Socialista, celebrado en octubre del año pasado sobre la igualdad como horizonte y el feminismo como camino, Isabel Gil Rosiña, consejera de Igualdad de la Junta de Extremadura, manifestaba que la igualdad es la agenda del Partido Socialista. No está en la agenda, sino que es la agenda. Esa diferenciación entre ser y estar tiene un enorme significado y una gran trascendencia. Esa diferencia refleja lo que es el Partido Socialista.

La igualdad y el feminismo están en el ADN, en el núcleo, en la esencia del Partido Socialista porque la igualdad entre hombres y mujeres, la igualdad de hombres y de mujeres, es la reivindicación más básica en una democracia que quiera reconocerse como una democracia avanzada, como una democracia moderna, como una democracia transformadora. Por ello, desde actos como el de hoy, desde la sociedad civil y también desde las posiciones de responsabilidad política, tenemos que proclamar muy alto, bien alto, el valor de la igualdad. Pero también hemos de proclamarlo en cada uno de nuestros espacios, de nuestros liderazgos, en nuestros hogares, en nuestros trabajos, en nuestras escuelas, para construir, desde lo más pequeño a lo más grande, una auténtica democracia y un verdadero Estado de derecho.

Por eso creo, sinceramente, que el verdadero reto del siglo XXI, que es el siglo de las mujeres, no es tanto hablar de democracia e igualdad como un valor superior de nuestro ordenamiento, sino que el verdadero desafío es llevar la igualdad a nuestros hogares, a nuestros espacios y desde ahí ir construyendo la democracia.

En los últimos años, nuestro país se ha caracterizado por haber aprobado leyes progresistas sin parangón, nos hemos convertido en reflejo para otros países que han girado su mirada hacia nosotros en busca de referentes en democracia, en transformación y en modernidad. Me refiero a leyes sociales, leyes de progreso, a la aprobación de leyes como la de la eutanasia, la ley de violencia contra la infancia y la adolescencia, la ley de modificación del Código Civil y la legislación procesal para las personas con discapacidad o la ley de educación.

Pues bien, a pesar de todos estos avances, estamos todavía lejos de erradicar determinados comportamientos muy indeseables que se basan en el machismo y en las discriminaciones. No podemos bajar la guardia ni un segundo. No identificar las particularidades que presentan las violencias de carácter estructural, como es la violencia de género o las agresiones homófobas o elegeteibifóbicas, contribuye a que se perpetúen. Tenemos que poseer las herramientas suficientes para que nos salten todas las alertas. También estamos asistiendo a un fenómeno muy interesante, el eslogan de la despolitización relativo a determinados órganos que tienen un componente político. No es lo mismo un órgano político que un órgano partidista. Y cuando se aboga por la despolitización de este tipo de violencias estructurales, se olvida que tienen claras connotaciones y claras implicaciones políticas. Hay que tener cuidado con este tipo de planteamientos.

A la vista de lo que estamos viviendo en los últimos años, insisto, no podemos bajar la guardia. No podemos bajar la guardia ante el auge de la extrema derecha, tanto en España como en el resto de países europeos, países de nuestro entorno, incluso algunos de ellos con una gran tradición democrática. Ese auge ha venido acompañado de una guerra cultural, de una guerra de discurso, de esa guerra de eslogan que defiende insistentemente planteamientos reaccionarios que ponen en duda la existencia de discriminaciones y amenazas a las que están sometidos ciertos grupos de personas y ciertos colectivos. En ocasiones se hace mediante discursos pretendidamente neutrales, otras ignorando los datos, ridiculizando los hechos, minimizando la gravedad de las conductas o, directamente, a través de discursos negacionistas.

Si no hacemos frente a este tipo de discursos con valentía, con seriedad, con argumentos, si no lo hacemos de forma decidida, corremos el riesgo de experimentar una involución en derechos y libertades en nuestro país y de que se contagien las políticas públicas olvidando dotarse de las herramientas y de los recursos suficientes para poder detectar y visualizar estas conductas y actitudes. Las personas discriminadas cada vez lo estarán más y las mujeres, que somos la mitad de la población, nos jugamos mucho. Lo estamos viendo ya en algunas comunidades autónomas. Por ello, desde nuestros puestos de responsabilidad y desde nuestro compromiso, tenemos que manifestarlo y denunciarlo con contundencia.

En el escenario internacional, querría detenerme brevemente en los últimos acontecimientos en Afganistán, resultado de lo que venía sucediendo a lo largo de los últimos años y que demuestran el grave error que supone no mantener un firme compromiso con políticas que a nivel internacional defienden los derechos humanos y valores fundamentales como el respeto a la dignidad de las personas, en concreto de mujeres y niñas. No es casual que en los sistemas autoritarios sea frecuente la discriminación y la persecución de determinados grupos y no es casual que uno de esos grupos seamos las mujeres. Estremece pensar en la situación en que ahora quedan las mujeres y las niñas afganas. Muchas de ellas serán vendidas, violadas, abusadas, asesinadas, agredidas, perseguidas, silenciadas… Estarán ocultas, serán invisibles, privadas de educación, condenadas a vivir sin libertad. Todas ellas van a ser sistemáticamente perseguidas. Algunas voces ya hablan de un genocidio de género.

Desde las instituciones, desde la sociedad y desde actos como este tenemos la responsabilidad de implicarnos en la defensa de todas las mujeres porque lo que hagamos desde aquí va a contribuir a construir una política en materia de derechos humanos que va a tener su reflejo fuera de nuestras fronteras. Nos tenemos que implicar como ya está haciendo el Gobierno de España. Debemos manifestar, una y otra vez, nuestro compromiso con los derechos humanos y recordar que el terrorismo y el fanatismo se combaten con políticas humanitarias y democráticas, se combaten con más democracia, con la cooperación internacional y con la contribución de la sociedad civil. Y ahí es donde Europa y donde España han de ejercer un mayor liderazgo y creo que ese testigo lo ha recogido el Gobierno de España.

Por otra parte, me parece oportuno recordar la trascendencia política que tiene la lucha contra la violencia (o violencias) contra las mujeres y el compromiso efectivo con la igualdad de mujeres y hombres tras el aprendizaje que hemos obtenido con la pandemia generada por el Covid-19. El confinamiento que ha provocado la pandemia ha levantado ese velo de aparente igualdad que creíamos haber consolidado y que hemos descubierto que no es así. En líneas generales, España es una sociedad abierta y comprometida con la igualdad, un país con unas leyes muy progresistas, muy innovadoras que formalmente garantizan la igualdad de mujeres y hombres. Sin embargo, en este tiempo se ha puesto de manifiesto que determinados derechos igualitarios no estaban suficientemente consolidados. Las mujeres hemos sido las más afectadas por la crisis sanitaria. Nos ha impactado de un modo mucho más negativo el desempleo, la desigualdad salarial, las bajas laborales, los cuidados, esa corresponsabilidad.

Un interesante estudio publicado recientemente asegura que en el campo científico y universitario, el número de trabajos de investigación realizados por mujeres descendió casi en un 50%. ¿Cómo es posible si los días tienen 24 horas para hombres y mujeres? Pues porque sobre nosotras ha recaído mayoritariamente el cuidado de las personas mayores, de las personas enfermas, de los niños, de las niñas. Y también porque muchas mujeres en estas circunstancias de confinamientos han estado mucho más expuestas a la violencia machista en sus hogares. Y, aunque es cierto que durante la pandemia se redujo el número de denuncias porque las mujeres no podían salir a la calle a denunciar, sin embargo aumentó significativamente el número de llamadas al 016. Voy a dar algunos datos. La Delegación del Gobierno contra la Violencia de Género calculó que desde el 14 de marzo al 20 de junio de 2020 se incrementaron un 41,4% las llamadas al 016 y durante los 98 días del estado de alarma los servicios de atención e información a las víctimas de violencia de género recibieron un 58% más de peticiones de ayuda que en el año 2019.

Otra violación gravísima de los derechos humanos que atenta contra todos los derechos que puede tener una persona, en este caso, mujeres y niñas, es la trata con fines de explotación sexual. La asociación APRAMP [Asociación para la Prevención, Reinserción y Atención a la Mujer Prostituida], dedicada a combatir la trata y explotación sexual de mujeres y niñas, elaboró un informe sobre la explotación de las mujeres durante este estado de alarma. El estudio concluyó que las mujeres habían visto aumentada significativamente su vulnerabilidad porque la deuda que tenían con sus tratantes, con sus proxenetas, con sus explotadores, seguía aumentando y ellas no tenían cobertura en sus necesidades más básicas como pueden ser la alimentación o la salud.

Por tanto, se constata que en estas circunstancias impuestas por la pandemia, y como consecuencia de un sistema de protección que no fue lo suficientemente fuerte en materia de igualdad, las víctimas de violencia de género se han encontrado en una situación de mayor vulnerabilidad, a lo que se añade que en muchas ocasiones se han visto obligadas a convivir con sus agresores.

Todos estos factores que he mencionado: el aumento del populismo, el auge de la extrema derecha, los discursos reaccionarios que minimizan, invisibilizan o niegan la violencia de género y el retroceso a nivel geopolítico de la defensa de los derechos humanos, nos obligan a tener que proclamar los valores democráticos en todos los rincones del mundo, a fortalecer el Estado de derecho y a hacerlo desde abajo hacia arriba, construyendo en comunidad, construyendo en democracia.

No podemos relajarnos ante la especial indefensión que han sufrido las mujeres y las niñas frente a la violencia durante la pandemia. Y más allá de la reivindicación del valor de igualdad, vuestra obligación como sociedad civil es pedir, insistir, analizar y visualizar; y la nuestra, como responsables políticos, es responder y facilitar los recursos humanos, materiales y normativos. En este sentido, quiero subrayar la importancia de la prevención, de la protección, de la persecución y de los presupuestos necesarios para atender a los colectivos discriminados y para fortalecer la igualdad de las mujeres.

Y ante los discursos negacionistas y reaccionarios que dicen que no existe la violencia de género o que toda la violencia es igual, hay que decirles que desde 2003, año desde el que se tienen datos de asesinatos de mujeres en el ámbito de la pareja o expareja, son 1.111 las mujeres asesinadas y desde 2013, 41 niños, hijos e hijas de estas víctimas, han sido asesinados por las parejas de sus madres o por sus propios padres, la horrible violencia vicaria. En este escenario, el Gobierno ha manifestado en repetidas ocasiones su voluntad de cumplir fielmente las previsiones que se recogen en la Ley Orgánica de Medidas de Protección Integral de la Violencia de Género del año 2004, el Convenio de Estambul y el Pacto de Estado contra la Violencia de Género, un documento del año 2017 de extraordinario valor al tratarse de un pacto social, institucional y político. No es un documento de eficacia directa jurídica, pero sí de valor político, aprobado, en un ejercicio de madurez democrática, por todas las fuerzas que estaban representadas en aquel momento en el Parlamento y que hoy sigue vigente y siguen operativas sus dos comisiones de seguimiento, tanto en el Congreso como en el Senado.

Por otra parte, creo que es esencial que, tanto desde el Gobierno, desde las distintas administraciones públicas, desde las instituciones, desde el sector privado como desde la sociedad civil, nos comprometamos con la participación equilibrada y equitativa de las mujeres en todos los espacios, por supuesto también en los de toma de decisión. Apelo a que haya realmente un liderazgo feminista, no femenino, feminista. Un liderazgo feminista de hombre y mujeres y que conjuntamente construyamos nuestra democracia, construyamos nuestra sociedad, construyamos nuestro mundo y, como he dicho antes, desde abajo hacia arriba. Yo comparto con Izquierda Socialista muchas de vuestras inquietudes respecto a la igualdad, inquietudes como la brecha salarial entre mujeres y hombres, la ampliación del permiso de paternidad equiparándolo al de maternidad o la necesidad de incrementar la participación de mujeres en puestos de responsabilidad.

Además estoy convencida de que todo esto hay que hacerlo con liderazgos feministas horizontales, en cogobernanza porque la cogobernanza no es un concepto abstracto, no es un recurso dialéctico, sino que es el sello que quiero que caracterice mi gestión en el Ministerio de Justicia. Diálogo, decisión compartida, corresponsabilidad, cogestión, escucha activa. En definitiva, quiero que la igualdad sea algo que impregne todos y cada uno de los actos que hagamos en nuestra vida, desde el más pequeño al más importante. Así, por supuesto, la igualdad es un eje transversal en toda la política que se está desarrollando desde el ministerio.

Yo estoy muy orgullosa de compartir con vosotros y vosotras este espacio porque es imprescindible que hablemos, que nos escuchemos para continuar progresando en nuestra sociedad, en nuestro mundo. Y quiero terminar haciendo una reflexión porque es evidente que no se puede ser socialista sin ser feminista, pero tras unos años en la política activa y después de cierta experiencia de escuchar a mucha gente, me pregunto si se puede ser feminista sin ser socialista. Ahí lo dejo.

Muchísimas gracias.

Pilar Llop es ministra de Justicia del Gobierno de España.

Por un modelo territorial

Manuel Mata Gómez

Muchísimas gracias, compañeras y compañeros, y en especial a Manolo de la Rocha por haber pensado en mí para hablar sobre organización territorial, un auténtico desafío. Llevamos décadas hablando de la organización territorial del Estado porque nuestro Estado es tan complejo y diverso que requiere soluciones muy diferentes para hacerlo más armónico.

Convendría empezar por ver qué está significando hasta ahora el estado autonómico, ver qué tenemos y por qué lo tenemos. Faltan elementos de comprensión, de valoración, de reflexión sobre este modelo de Estado. Paradójicamente, la mayoría de la gente cree que son muy importantes las elecciones al Parlamento español donde hay interesantísimos debates, en el Congreso y en el Senado, de cuestiones que son competencia exclusiva de las comunidades autónomas.

Cualquiera de vosotros, cuando os levantáis por la mañana, os dirigís a trabajar en un medio de transporte que suele depender de la comunidad autónoma o vais a una oficina de empleo a buscar trabajo en organismos de búsqueda de empleo gestionados por las comunidades autónomas. Lleváis a vuestros hijos o hijas a un colegio que gestiona la comunidad autónoma. Si os ponéis enfermos, es la comunidad autónoma la que gestiona el modelo sanitario. Si nuestra madre tiene la enfermedad de Alzheimer, está en una residencia gestionada por la comunidad autónoma; si no tenemos ingresos, habrá una renta de inclusión gestionada por comunidades autónomas. El deporte, la cultura, el medio ambiente, la vivienda… más del 90% de nuestra actividad cotidiana tiene que ver con el estado autonómico.

El estado autonómico en esta nación de naciones, en esta España de Españas, es difícil de valorar, de verbalizar, de explicar y, hasta los conceptos son fuente de discusiones aceradas. Estas dificultades tienen que ver con los tensos avatares por el cómo la Constitución cerró de una manera peculiar la organización territorial del Estado. El Título VIII, que hace referencia a la "Organización Territorial del Estado", fue votado en contra por el Partido Popular. Después del intento de golpe de Estado de Tejero hubo un intento del PSOE y del PP de acotar, de hermetizar y de aniquilar la progresión de lo que era el estado autonómico mediante la LOAPA, tal como lo deseábamos nosotros. Y, sobre todo, no olvidemos las gravísimas consecuencias que tuvo el tratamiento político jurídico del llamado *procés*. Redacción del título VIII, intento de aplicar una Ley de Armonización del Estado Autonómico y el tratamiento político del *procés* son hitos que siempre hay que tener presente.

Estos elementos hoy nos sitúan en un contexto de extraordinaria complejidad. Ya no se discute qué competencias quieren las comunidades autónomas. Por ejemplo, la Comunidad Valenciana, ¿a qué podría aspirar? ¿a tener prisiones o a tener los trenes de cercanías?, poca cosa más. Y hay comunidades autónomas que sin haberlo pensado nunca están gestionando gran parte de los servicios básicos del Estado. Quién le iba a decir, en los años noventa, a Castilla-La Mancha o a Castilla y León o a la Comunidad de Madrid que iban a gestionar la sanidad y la educación. En la década de los 90 era impensable que en el año 2002 pudieran llegar esas transferencias.

Mencionaba antes el tema de Cataluña porque hay veces que nos olvidamos de las cosas que suceden. El 11 de septiembre está en la memoria colectiva. Hoy hemos citado en varias ocasiones a Salvador Allende que fue un punto de inflexión en el avance del socialismo en América Latina. Pues en septiembre de 1996, Umberto Bossi (entonces secretario general de la Liga Norte) proclamó la República Independiente de Padania una mañana, sin que llamara la atención en Italia, excepto a [Gianfranco] Fini (líder entonces de Alianza Nacional) que convocó una gran manifestación en Milán por la unidad de Italia y que creía que supondría un enorme conflicto. El Gobierno italiano se puso de perfil. Al poco tiempo se convocaron elecciones al Parlamento de Padania, se eligieron diputados y diputadas, y el Gobierno italiano siguió poniéndose de perfil. Padania nombró su Gobierno, que duró tres años, con cuatro presidentes y ministros que eran personalidades muy potentes. El Gobierno italiano siguió poniéndose de perfil hasta que, al final, el propio Umberto Bossi y las fuerzas políticas de Lombardía y el Véneto comprendieron que eso no iba a ningún sitio. La pregunta es ¿qué habría pasado si el día que se votó el referéndum en Cataluña las fuerzas del orden público no hubieran actuado en los colegios electorales?, ¿qué habría pasado si alguien hubiera valorado de verdad cómo estaban los censos o la participación electoral para desacreditar el proceso?, ¿qué habría pasado si no se hubiesen abierto diligencias penales a dirigentes políticos?, ¿qué habría pasado?

Nos enfrentamos a una situación absolutamente endiablada en esta España de las Españas en la que hoy vemos con naturalidad que haya una fuerza política, VOX, que se presenta a unas elecciones nacionales diciendo que quiere cargarse el Estado de las autonomías y que no presenta programas electorales en las comunidades autónomas en las que concurre electamente, porque entiende que, al querer suprimir a esas comunidades autónomas, les da igual lo que pase. Pero hay fuerzas que pactan con ellos, cosa que sería impensable en países como en Alemania, Francia, Grecia o Portugal.

La Ponencia Marco dedica una parte importante al modelo territorial y utiliza expresiones como "cogobernanza federal", "cultura federal" o "España multinivel". Yo creo que acierta en hacer un diseño de lo que es el trabajo político de los socialistas en la federalización del Estado, una federalización que jamás va a ser simétrica, que no debe ser simétrica. Una España tan asimétrica requiere soluciones asimétricas.

Nosotros planteamos tres bloques en los que hay comunidades autónomas con diferencias de tanta magnitud que no pueden ser homogeneizadas. Navarra y el País Vasco viven una situación privilegiada porque tienen conciertos económicos, en relación bilateral con el Estado, con fuerzas nacionalistas muy potentes y porque tienen todas las competencias imaginables. Cataluña está en la situación que está porque la clase política se ha visto superada por los problemas de la cotidianidad manteniendo las liturgias vinculadas al *procés*.

Hay, además, una España con comunidades autónomas que tienen un componente nacionalista en sus electorados, una cierta tradición autonomista y federalista, que tuvieron estatutos durante la República, como Galicia o la Comunidad Valenciana. Tierras bilingües que requieren tratamientos específicos, como Baleares. Pero hay otra España: Castilla-La Mancha, Castilla y León y Extremadura, que no han tenido nunca un sentimiento autonómico muy llamativo pero sí que han asumido hoy que su estructura autonómica es un elemento esencial de gestión de la vida de las personas.

Al margen de las palabras, de los diseños, de las posibles modificaciones para articular las organizaciones territoriales del Estado, está la cuestión más procelosa de todas, la financiación autonómica. Y ahí vamos a tener problemas muy serios de definición porque no son problemas políticos, partidarios o ideológicos, sino que son cuestiones transversales en las que cada comunidad autónoma tiene sus propios intereses. Unas defienden que se tenga en cuenta el PIB; otras, la población ajustada; otras, la despoblación o la dispersión geográfica. Y esa es la clave del futuro de cómo se va a construir el estado autonómico, encontrar un sistema de financiación autonómico justo y no discriminatorio que favorezca la igualdad de los administrados.

Durante muchos años, se ha estado aplicando una manera de repartir los fondos de las comunidades autónomas un tanto perversa. La tarta de los ingresos del Estado tiene una parte que gestiona el propio Estado y da un trozo a las comunidades autónomas para que se peleen entre ellas y tengan la aspiración de acceder a más fondos públicos compitiendo entre ellas. El Estado tiene que asumir que hoy ya no gobierna en muchas cosas. Pensad que los grandes debates que se producen en el Parlamento español sobre, por ejemplo, la vivienda, en la práctica no tienen ninguna virtualidad. No tienen ninguna virtualidad práctica porque son las comunidades autónomas las que poseen la competencia exclusiva en materia de vivienda, en servicios sociales, en residencias, en sanidad…, y eso está creando ahora una disfunción muy importante.

Hay comunidades autónomas que reciben unos 3.200 o 3.300 euros por habitante, como el País Vasco. Otras comunidades, como la valenciana, reciben 2.300 euros por habitante. En ese marco, pensad lo que significan 1.000 euros por habitante al año que algunas tienen que dejar de gastar en todas esas políticas que tienen que ver con políticas de igualdad, que son el núcleo esencial de las políticas centrales del estado del bienestar.

Creo que nosotros tenemos la obligación de apostar por la federalización del Estado; tenemos la obligación de trasladar a la ciudadanía, con pedagogía, la idea de federalismo inclusivo a pesar de ser el concepto más criticado desde la derecha y la extrema derecha que se retroalimentan en un discurso recentralizador muy preocupante.

La derecha vive de expresar eso de que hay 17 apartamentos autonómicos, que hay centenares de diputados autonómicos en 17 comunidades autónomas, que se duplican los servicios, que esto va a en contra de austeridad…

Y esas políticas recentralizadoras solo acaban perjudicando a todas las políticas sociales. Cada vez que hay una transferencia del Estado a una comunidad autónoma, los cálculos que se hacen para financiarla nunca tienen en cuenta lo que está por venir, y ese es uno de los grandes problemas que se afronta en la relación con el Estado. Cuando, por ejemplo, se transfirió la sanidad a la comunidad valenciana en el año 1983 nadie pudo que imaginar que un día habría tratamientos para curar la hepatitis C que valen 20.000 euros por enfermo. Para acabar con esa enfermedad u otras muchas hay que gastar cantidades ingentes de dinero que no se previeron al hacer la transferencia. La realidad es que se está generando una desigualdad real en políticas públicas, en políticas sanitarias, en políticas educativas, en territorios del Estado porque no está llegando el nivel de financiación adecuado que acabe con esas discriminaciones.

Es ahí donde Izquierda Socialista sí que tiene una posibilidad muy importante de poder ser un elemento de cohesionador de las diversas miradas de los socialistas en los diferentes territorios. Hace falta potenciar plataformas de interlocución entre el Gobierno de España con las comunidades autónomas peor financiadas.

La transversalidad es la que provoca alianzas de comunidades con problemas comunes aunque estén presididas por partidos rivales, no hay una alianza de comunidades con gobiernos afines, las alianzas son entre territorios similares, dificultando al Gobierno central la búsqueda de soluciones. Esa es una realidad con la que vamos a apechugar los próximos años. Una realidad que tensiona la vida cotidiana, y que luego, cuando llegan los procesos electorales, nos lleva a sorprendemos de la baja participación de la ciudadanía en algunas comunidades autónomas.

La gente sabe qué es y qué hace su Ayuntamiento y qué es y que hace el Gobierno de España. Pero a partir de ahí, eso de en medio, las comunidades autónomas, ya no lo acaban de ver tan claro. Nosotros siempre hemos apostado por la federalización, por instrumentos federales de coordinación, por buscar soluciones que homogeneicen la vida cotidiana de la gente y al tiempo fomenten la diversidad, el bilingüismo, la especificidad de determinados territorios, buscando la igualdad de las personas y la diversidad de esos territorios. Ese es un embate, es el envite, es la pelea en la que va a haber una tensión intensa y dura, dentro y fuera del partido.

Es muy difícil que los propios partidos se puedan poner de acuerdo, entre sí, y es un problema tremendo, al requerir necesariamente que contar con mayorías muy cualificadas para tomar determinadas decisiones. Lo hemos visto y lo estamos viendo en la modificación y la sustitución de los miembros del Consejo General del Poder Judicial. Esas mayorías no son una garantía de pluralidad, ni de mejora de consensos. Cuando alguien quiere sabotear, sabotea. E históricamente el Partido Popular lo ha hecho. El PP cuando está en la oposición pone todas las trabas del mundo para que esto avance.

Creo que si el reto es la financiación, todos tenemos que ser sensibles a buscar esa igualdad, que es al fin y al cabo, lo único que importa. No puede ser que haya territorios que puedan destinar a atención social una cantidad que duplique a la del territorio de al lado.

Tenemos que buscar soluciones imaginativas en las que las políticas de gasto también se primen, no solo las políticas de ingreso. A mayor gasto en construir igualdad, mayor apoyo para financiarlo. Hay una batalla reconocida hoy contra los impuestos. Alguien lo ha dicho hace un rato y alguien lo ha dicho esta mañana. Nosotros tenemos que defender los impuestos como el elemento esencial de poder generar políticas de igualdad en las ciudades y los territorios. No puede ser que haya comunidades autónomas que eliminen el impuesto de sucesiones, que por cierto es un impuesto muy justo porque la mayor desigualdad está al nacer, aunque siempre habrá alguien que diga que es una imposición, "todo lo que ha ahorrado una familia".

El que nace rico ya lo tiene todo hecho. Sin embargo, el que nace pobre necesita que haya servicios públicos potentes que le puedan permitir ir a la universidad, formarse, tener acceso a los mejores sistemas sanitarios. En realidad no hay ninguna comunidad autónoma en la que si una persona hereda los 100.000 euros ahorrados por su padre y su madre y el piso que tenían, deban pagar, no lo hay. Pero en cambio, cuando grandes fortunas se traspasan impunemente generación tras generación, ya tienen todo hecho. Igual que el impuesto de patrimonio. En el País Valenciano, el impuesto de patrimonio, lo pagan ahora quienes tienen un patrimonio de más de 500.000 euros excluida la vivienda habitual. Lo pagan 30.000 valencianas y valencianos de 5.000.000 de habitantes que somos. Pero es que esos 30.000 valencianos y valencianas acumulan 35.000 millones de euros. En cambio, hay un discurso reiterativo de que hay que eliminar el impuesto sobre el patrimonio o el impuesto de sucesiones que desgraciadamente va calando entre las clases medias y trabajadoras.

En Madrid, Ayuso bonifica el 99 por ciento de sucesiones y patrimonio, o directamente lo elimina. Eso es una quiebra del sistema. Por eso la Ponencia Marco también hace referencia a cierta homogeneización fiscal, a que haya determinados impuestos que no puedan ser bonificados totalmente por determinadas comunidades autónomas o por todas las comunidades autónomas para no generar desequilibrios ni competencia fiscal a la baja.

Los socialistas tenemos un problema con Madrid. La derecha tiene la base de todos sus altavoces mediáticos y comunicativos para batallar con los socialistas. Ayuso es capaz de anunciar que son capaces de eliminar determinados impuestos, algunos de broma, como lo que anunció la semana pasada: eliminar los cuatro impuestos que tiene la Comunidad de Madrid. Uno dejaba de cobrarlo; otro va a ser estatal y suponía para cada madrileño un ahorro de 70 céntimos. Pero como en sucesiones y patrimonio hace determinadas bonificaciones o exenciones, nos encontramos que hay personas que se están ahorrando miles y miles y miles y miles de euros. Y no somos capaces de construir un discurso coherente de combate en defensa de la política impositiva que defendemos. Hay movimientos de multimillonarios norteamericanos que piden por favor, que les cobren más impuestos, que ven injusto que sus hijos hereden barbaridades de dinero que nunca van a poder gastar.

En Madrid hay gente que se alegra mucho porque Ayuso dice que baja el 0,5 por ciento el IRPF. Pero no es lo mismo el que no paga nada, con rentas de menos de 12.000 euros, que aquellos que tienen ingresos de 500.000 euros al año. Es que no es lo mismo. Ayuso rebaja miles de euros a determinadas personas y además lo hace desde una posición privilegiada.

Centenares de miles de funcionarios viven en Madrid, con lo cual tienen ingresos del Estado. También las sedes de todas las empresas que hacen adjudicaciones públicas están en Madrid. No es que haya una ofensiva contra los madrileños y madrileñas. No es cierta la "madrileñofobia", sino que se está generando una disfunción que tenemos que corregir, porque luego... ¿qué hace? Le entrega a amigos suyos la gestión de la sanidad, elimina programas sociales, sube la ratio en los colegios, elimina las becas escolares, y eso parece que da igual. Por tanto, vamos a vivir años en tensión entre las comunidades autónomas, en tensión con el Gobierno central.

Pero tenemos que seguir avanzando por la senda del federalismo y, desde luego Izquierda Socialista, que es reflexiva; Izquierda Socialista que lee los documentos; Izquierda Socialista, que tiene jornadas como esta... Yo no imagino otros sectores del partido que realicen jornadas para hablar de este tipo de cosas.

Tenemos en nuestras manos la solución de aglutinar territorios, personas, ser transversales, oír las razones de los otros y luchar de una manera decidida, por lo que os digo: defender políticas que garanticen la igualdad de las personas y singularidad de los territorios. Y nada más por mi parte.

Muchas gracias.

Manuel Mata es portavoz del Grupo Parlamentario Socialista en Las Cortes Valencianas. Fue presentado por Jorge Parada, exconcejal socialista del Ayuntamiento de Vigo y miembro de la Comisión Permanente Federal de IS-PSOE.

Una visión de Europa desde la Izquierda

Juan Antonio Barrio de Penagos

Agradecerte, compañero José Luis, compañero presidente, tu presencia en este foro. Ha sido para mí un honor ser diputado en tus dos legislaturas de presidente. Y ahí tuvimos ocasión de vivir muchos momentos, algunos duros, pero siempre destacaré tu optimismo y tu talante, incluso en esos momentos duros. Ahora se habla menos de tu talante. No sé por qué…

Hay muchas cosas que quería decir, pero solo voy a hablar tres minutos. Lo primero que quiero destacar es sobre el avance de derechos. Me refiero al matrimonio homosexual y a la cantidad de llamadas que sigues recibiendo desde todo el mundo para agradecerte tu actividad y tu actitud. Para agradecerte lo que conseguimos con la ley del matrimonio entre personas del mismo sexo.

Otro asunto que se conoce menos, pero es más reciente, es que se te ha otorgado el premio Ubuntu, que te darán el próximo 23 de septiembre, por tu actuación en favor de la cooperación internacional. África y Europa, son dos motivos de preocupación ahora, por el tema de la pandemia pero, sobre todo, destacar la necesidad de que ahora, también en Afganistán, la cooperación internacional sea algo real, no una entelequia.

También quisiera resaltar tu actividad para que la participación de la mujer sea al máximo nivel. Ahora parece normal, pero antes no era tan normal que hubiera un Gobierno con tantas mujeres y tan importantes. Y dos temas más que me parecen decisivos. En primer lugar, la memoria histórica. Tenemos la Ley de Memoria Democrática, pero como ayer quedó claro en este foro, tú ya hiciste lo que pudiste en este asunto, ahora nos queda, le queda al partido, completarlo y completarlo en un sentido digno que todavía no se ha conseguido. Creo que estamos en ello, pero tu actividad pionera en ese asunto de la memoria histórica fue absolutamente destacable. Y tampoco podemos olvidar el fin de ETA. Ahora se olvida quién era el presidente del Gobierno cuando ETA dejó las armas. Claro, pasamos momentos duros con del atentado de la T-4. Y como con tantas cosas más, la derecha decía que era imposible, que lo nuestro era "buenísmo". Bueno, tú demostraste, y Alfredo también, que no era imposible y que se podía hacer.

No me he resistido y he traído el libro *El dilema*. Un libro que, en mi opinión, debería ser de obligada lectura en todos los foros políticos y en todas las academias de política. En este libro se señalan muchos de esos momentos duros. Aquella famosa noche de mayo. No sé si era el 10, el 11 o el 12 de mayo con el debate que entonces estaba viviendo Europa. Yo quiero destacar dos puntos nada más. El primero, en la página 102, es la visita de Biden, siendo vicepresidente, a la Moncloa.

Dice: "Aquel día Biden, que tenía fama de ser descarnado en sus análisis y opiniones, lo fue. Al darme su opinión sobre los mercados, me dijo, con una crudeza que hasta ese momento no había escuchado, que la única manera de lograr ganar su confianza (la de los mercados), era tomando decisiones que te hicieran sufrir de verdad y a fondo. Eso era creíble en determinas circunstancias si sometes a los ciudadanos a pruebas difíciles, si los sindicatos rechazan abiertamente tu política. En definitiva, si hay lágrimas y sufrimiento. Me llamó la atención por su franqueza y por su dureza: lágrimas y sufrimiento". Creo que, efectivamente, es tremendo. Me gustaría ahora que ya es presidente de Estados Unidos que hicieras un pequeño comentario sobre eso.

Creo que un amigo común me dijo ayer que vas a ir a China dentro de poco. Ahora, quizás sí, sería un poco más sorprendente tu visión de la China que ayudaba a Europa en todo momento en el tema del euro. Y bueno, pues también me gustaría saber si opinas ahora lo mismo que entonces sobre esto.

Habría muchas más cosas que comentar…, quizá porque eres de la tierra de Anselmo Carretero, sobre el federalismo, sobre la plurinacionalidad… pero no hay tiempo. Pero sí decir algo muy importante para Izquierda Socialista: tu actitud sobre las primarias, tu actitud sobre la democracia interna del partido. A ver…, nosotros hemos sido pioneros en solicitar las primarias, en destacar la necesidad de las primarias como lo fuimos en el voto por delegado. Pero las primarias no pueden ser un *primus inter pares*, en el que un *primus* se come a los *pares*, sino un verdadero *primus inter pares*. Tú demostraste que eso era posible cuando incorporaste a Bono a tu proyecto. Y eso me parece digno de destacar. Las primarias no pueden ser un sistema de elección donde el que gana se lo lleva todo. Me parece muy importante resaltar eso, junto con tu actitud hacia Izquierda Socialista durante tu periodo de secretario general y de presidente del Gobierno. Nada más, reiterarte el agradecimiento y vamos a escucharte.

Juan Antonio Barrio de Penagos, licenciado en Ciencias Biológicas y Farmacia, exdiputado socialista, fue portavoz federal de IS-PSOE. Pronunció estas palabras en la presentación de José Luis Rodríguez Zapatero.

José Luis Rodríguez Zapatero

Deseo expresar mi agradecimiento por invitarme a esta conmemoración, a este acto que tiene un significado muy propio por la encarnadura, por el ADN de Izquierda Socialista. Porque es un acto de debate y la corriente de opinión Izquierda Socialista, además de algunas otras aportaciones a las que luego me referiré, ha representado ese punto de referencia central, esencial para mantener vivo el debate interno en el Partido Socialista, el debate interno en torno a las ideas, en torno a las políticas y los programas. Y también en torno al propio modelo de partido. Creo que debe serle reconocida esta seña de identidad a Izquierda Socialista en las últimas décadas de la vida del PSOE.

Y me alegra mucho poder compartir esta mesa con Juan Antonio Barrio, por el aprecio que le tengo, pues tengo presentes el afecto y el apoyo que siempre me brindó, como hicieron otros compañeros y compañeras de la corriente. Hoy es un buen día para agradecérselo públicamente, de corazón.

Me gustaría comenzar compartiendo con vosotros algo que me llama la atención. No son ya pocos los análisis, investigaciones, incluso monografías, que han aparecido sobre mi etapa de gobierno, realizados por historiadores u otros especialistas, que procuro contemplar con perspectiva dado el condicionamiento de mi propia subjetividad. Pero no me deja de sorprender que en la gran mayoría de los casos los autores no me hayan siquiera contactado para contrastar sus puntos de vista. Tal vez, la disciplina requiera de este distanciamiento, de esta frialdad, pero me llama la atención.

Como seguramente recordaréis, al poco tiempo de concluir mi período al frente del Gobierno escribí, con gran esfuerzo, también con cierta amargura, un texto (*El dilema*) relatando mi vivencia personal de la crisis económica que se desató en 2008.

Lo hice, lo traté de hacer, con la mayor honestidad intelectual posible, consciente de haber sido testigo directo, inmediato, personalísimo ante no pocas circunstancias, de los avatares de aquella crisis. En esas páginas refiero algunos hechos que tengo por absolutamente auténticos y que, sin embargo, son refutados con frecuencia por la opinión llamada pública, también por la opinión científica y por la opinión política. Esto es una de las cosas que me persigue intelectualmente, no solo políticamente, me persigue intelectualmente: ¿por qué hechos que conozco fidedignamente, que no tengo ninguna duda sobre los mismos, que se produjeron como se produjeron, no pasan así a la historia?

La historia supone una enorme carga de responsabilidad colectiva para nuestros debates, para nuestro conocimiento, y es una disciplina que abrazo, con la que disfruto, pero que contrasta en mi experiencia personal con lo que yo he vivido en el puente de mando de un país tan importante como el nuestro, como es España. Esto me lleva a destacar lo importante que es promover el debate, la deliberación pública. La única manera, al final, de que la historia se aproxime a la verdad es que se debata mucho sobre ello. Y nuestro partido debe ser el partido del debate político.

Alguien invocaba aquí los comités federales. Yo, en mi etapa, con una mayoría inequívoca, me sentía orgulloso de que en el Comité Federal del partido se debatiera y que compañeros y compañeras pusieran en cuestión, nos interpelaran, sobre lo que era la política de un gobierno que gozaba de un apoyo importante. Debemos preservar, y aunque solo fuera por eso, esta alma de Izquierda Socialista. Hay que mantener con tesón el debate interno, el debate de las ideas, el debate sobre políticas, el debate acerca del modelo de partido.

A Izquierda Socialista le quiero reconocer tanto su coherencia como su lealtad, y, si me permitís expresarlo así, lo que es más importante, su decencia.

Nuestro partido, todo hay que decirlo, tiene vocación mayoritaria por su propia naturaleza. Es un partido al que la sociedad española, desde hace décadas y décadas, le da la oportunidad de gobernar, de ser mayoría de gobierno. Es un partido que tiene vocación mayoritaria y cierta homogeneidad interna. Es algo que va en la naturaleza de las cosas. Por tanto, no es extraño que una corriente de opinión tenga una posición minoritaria. Es coherente con lo que es un gran partido de gobierno, como es el PSOE desde tanto tiempo atrás en la historia.

Pero decía que lo más importante es la decencia, por eso quiero resaltar aquí que, en mi etapa, en mi relación más directa con los dirigentes de Izquierda Socialista, siempre vi a personas decentes y honestas. Es muy importante. Al final, la aspiración de un socialista es construir una sociedad lo más decente posible, en la que nos sintamos lo más semejantes posibles. Por recordar esa bella palabra que nos evoca la Revolución Francesa: unas sociedades de ciudadanos, de semejantes, donde no puedan coexistir la pobreza y la miseria con la riqueza extrema, con la excesiva desigualdad. La persecución de ese afán, de ese anhelo de semejanza, de igualdad, da pleno sentido, lo sigue dando, a los partidos socialistas, a los partidos socialdemócratas.

Izquierda Socialista ha tenido posiciones anticipatorias en algunos campos. Su posición en política exterior me parece de lo más interesante. El debate mantenido en torno a la OTAN quizá fue anticipatorio. Hoy ese debate, el debate sobre el futuro de la OTAN, me parece igualmente fundamental. Creo que la izquierda en general, y los partidos socialdemócratas en particular, deben participar en este debate.

Ayer recordábamos esta conmemoración trágica del 11 de septiembre y lo vivido en Afganistán. Acabamos de ver algunos hechos que podemos elevar a conclusiones casi definitivas. Occidente, lo que llamamos Occidente, es el 10% de la población del mundo: Europa y Estados Unidos. Básicamente. Y el 10% no puede garantizar la seguridad del 100%. El 10% no va a poder luchar contra el cambio climático que afecta al 100%. Por tanto, ese liderazgo inequívoco de Estados Unidos y de Occidente necesita una autocrítica urgente sobre lo que representa este mundo multipolar diferente, y una autocrítica sobre los planteamientos que se han establecido y que se establecieron justo después del 11 de septiembre.

El terrorismo no logra los fines que pretende. El terrorismo es violencia, es horror…, pero sí provoca graves efectos políticos e históricos. Sin el 11 de septiembre no habría habido la guerra de Afganistán, ni la de Irak. Ni habría existido el Daesh o el ISIS. Y, seguramente, los conflictos en Libia, Yemen, Siria habrían sido muy diferentes. Debo recordar que estos conflictos se saldan con 800.000 muertos en los últimos 20 años en esa región. Esta es una cifra que estos días me extraña que nadie recuerde. Afganistán, 175.000, por supuesto la inmensa mayoría civiles, en un país ya castigado históricamente desde los años 60 por guerras y conflictos; Irak, cerca de 300.000, la inmensa mayoría también civiles.

Claro, la pregunta que yo me hacía cuando nos oponíamos a la guerra de Irak era si las familias que iban a ver cómo morían sus hijos como consecuencia del intento, quizá bienintencionado para algunos, de exportar nuestro modelo político, democrático y liberal a través de intervenciones militares, podrían entender alguna vez ese inútil y dolorosísimo sacrificio.

Porque ya sabemos bien que las intervenciones militares no producen el efecto de generar democracias en determinadas regiones y hay que hacer una autocrítica contundente a este respecto. Debemos concluir también, después de la experiencia de estos últimos 20 años, y ante lo que tenemos por delante, que, desde luego, la Unión Europea, los partidos democráticos, socialistas, progresistas, de izquierdas… no pueden de ningún modo contribuir a que este siglo XXI, tras las dos décadas que hemos vivido, nos condene, nuevamente, a una guerra fría global.

Eso sería tanto como tentar a la suerte de la humanidad. Tuvimos una Guerra Fría. Afortunadamente no derivó en una gran conflagración, pero sí fue la primera guerra fría. Ahora parece que los tambores políticos de los grandes centros de opinión, de los grandes centros de decisión, quieren abrir la puerta a nuevas guerras frías, alimentadas en un inicio por el enfrentamiento ante el islamismo radical, que ojalá pudiéramos aislar, aislar lo que representan los radicales, el yihadismo, el terrorismo, la locura fanática. Pero es muy difícil. Es muy difícil, porque hay muchos ciudadanos en el mundo del Islam que, por supuesto, no quieren la yihad, ni estar sometidos al Corán y menos a un régimen talibán, pero, a la vez, tampoco quieren una intervención, ni comparten los valores occidentales.

Necesitamos una sensibilidad cultural y una visión a largo plazo para gestionar y gobernar este fenómeno, que incluya una autocrítica en política exterior.

Digo que Izquierda Socialista ha tenido posiciones avanzadas en política exterior y en los temas de refugio, asilo, cooperación al desarrollo… Y es que, si la izquierda nació con una seña de identidad, esa es el internacionalismo. Una bella seña de identidad, quizá la más poderosa. Por tanto, creo que la izquierda europea, el Partido Socialista deben ir un paso más allá.

Ha habido pocos momentos en los últimos años en que yo me haya sentido más identificado con la acción de un gobierno como cuando ha volcado muchos esfuerzos, me consta personalmente, para traer afganos a España. Y tendrá que hacer muchos más.

Hay que recuperar la cooperación al desarrollo y afirmar el internacionalismo. No puede ser que cuando el mundo ha de evolucionar hacia una mayor interrelación, hacia una globalización cada vez más amplia, la izquierda, los partidos socialdemócratas, nos vengamos atrás hacia posiciones nacionales o nacionalistas. Por eso, me preocupa que el Partido Socialista Europeo no sea mucho más fuerte, y deberíamos dedicar a eso un esfuerzo fundamental. Y me preocupa que la Internacional Socialista no haya vivido en el inmediato pasado sus mejores momentos. Esta contradicción la tenemos que solventar, porque la proyección de nuestra política exterior, la complicidad en las relaciones internacionales me parece fundamental.

Izquierda Socialista ha tenido también una posición tradicional muy clara en defensa de la memoria histórica. Quiero reconocerlo y expresar que yo sentí ese aliento al frente del partido y del Gobierno. Porque era esencial abrir el debate de la memoria democrática en nuestro país.

No es un debate vindicativo, es un debate de conocimiento histórico y de memoria democrática. Una democracia que se precie debe ser valiente con la verdad y justa con los que padecieron la injusticia. Y yo le quiero agradecer a Izquierda Socialista ese impulso que ha dado porque parte de ese impulso es responsable de que tengamos ahora, ahí, una ley ambiciosa. Una ley que a mí me produce satisfacción. Una satisfacción enorme porque creo que va a ser una gran contribución para la cultura política en nuestro país y para la democracia.

Por cierto, aunque es bueno el espíritu autocrítico, olvidamos algunas cosas. Esta semana, en la que hemos vivido el debate de los delitos de odio, podemos afirmar que este es el país más abierto del mundo y el que más defiende a las personas LGTBI, y me parece que es importante que seamos conscientes de ello. Es verdad que hay algunos rescoldos ideológicos en nuestro país que se irritan, que no aceptan la igualdad, que no parecen saber lo que es la libertad. Pero lo cierto es que somos uno de los países más tolerantes, uno de los espacios de convivencia más queridos por gais y lesbianas de todo el mundo. Y esta es una afirmación que conviene reiterar.

Si hemos logrado ser una sociedad abierta, tolerante, amante de amar en libertad y defensora de la igualdad radical, es porque defendimos esta política desde los valores, desde las ideas, desde los principios. Esta es la lección que me parece más importante. Cada vez que pongamos una ley de derechos en marcha, o que ampliemos la Ley de Memoria Democrática, hagámoslo con esa convicción que dan los valores y los principios. Si legislamos con excusas, no convencemos; si legislamos por conveniencia técnica o por respeto a una encuesta, no vamos a convencernos ni a nosotros mismos.

Por ello, creo que, en este foro, que anticipa el Congreso del partido, que lo precede en buena medida, tenemos el deber de poner en pie nuevas ambiciones en materia de derechos. Nuevas ambiciones, como partido, en logros sociales y, por supuesto, en la responsabilidad que tenemos con una visión amplia de la convivencia entre españoles. Una visión, unas ambiciones, que entroncan con el legado más brillante del republicanismo socialista, el de los demócratas socialistas, el de los demócratas radicales socialistas, que es el abolicionismo.

Siempre he creído que merece la pena soñar con determinadas leyes "abolicionistas", leyes que abolan la pobreza, que abolan la prostitución, que proscriban la dominación de unos seres humanos sobre otros en cualquiera de sus formas. Y tengo el convencimiento de que las futuras generaciones, quizá en dos o tres generaciones, lleguen a pensar cómo es posible que la prostitución se permitiera con normalidad, al igual que a mí me ha atormentado la idea de asumir que la esclavitud, quizá el hecho más horrendo que conoce la historia de la humanidad, conviviera con la democracia, incluso con democracias acrisoladas. Una contradicción que nos resulta inexplicable como en un futuro no muy lejano ocurrirá con la prostitución y también con la pobreza extrema, con la miseria. Porque estamos en condiciones de imaginar ese paso cualitativo que sería tratar los derechos sociales con el mismo poder jurídico que los derechos civiles y políticos fundamentales.

Ese es el gran estadio que le queda al socialismo democrático por alcanzar en su designio de defensa del progreso social.

Y debemos pensar, en particular, en el papel a desempeñar por la izquierda europea, que suele moverse por ciclos. Yo viví momentos en que coincidíamos una mayoría de gobiernos socialistas, luego fue cambiando, y ahora hay una nueva expectativa para la socialdemocracia.

Aunque no olvidemos que la vida y la historia son más azar que conspiración. Lo que está pasando en Alemania es azaroso porque estaba muy asumido, y seguramente también por muchos de los que estamos hoy aquí pensábamos, que la gran coalición había minorizado al SPD y le había restado las posibilidades de ganar. Admitámoslo, lo pensábamos casi todos. Y, sin embargo, parece que va a ser a la CDU la que se minimice, mientras el SPD va a estar en condiciones de ganar y de gobernar.

Hoy nadie sabe lo que va a pasar en Francia, y aunque Macron no lo tiene fácil, Le Pen aún menos, afortunadamente. Francia es el país donde más cambia la opinión pública y seguramente el país más crítico, por eso hicieron la revolución en su día. Y hay que esperar. Pero si Alemania confirma esa hipótesis de un gobierno en la izquierda; y si en Francia, una compañera, o alguien de la izquierda pudiera acaso vencer... volveríamos otra vez a un mapa con la izquierda en Alemania, España, Francia... Y, bueno, Italia es Italia, pero también está, por supuesto, Portugal. Por tanto, tenemos un caudal de expectativas importante en Europa.

Creo que nosotros somos decisivos en Europa, que nuestra tarea es anticipar nuevas políticas, ahora que, por fin, parece haber renacido una Europa keynesiana, o neokeynesiana. Sí, ahora que, por fin, Europa parece haber superado esta crisis de identidad que padecía desde 2008, dando un paso cualitativo tan importante como es el de mancomunar la deuda, como es el del plan de *Next Generation*, los fondos europeos para la recuperación.

Creo que esto nos da una gran tranquilidad y, qué curioso, a veces se ganan batallas aunque no gobiernes o seas minoría, pero lo cierto es que la izquierda ha ganado hoy la batalla en Europa. La socialdemocracia ha ganado porque se ha impuesto su modelo económico de compromiso fiscal. Ahora nos quedará otra batalla, que durará tiempo, y que es avanzar en la unión social europea. La unión de los derechos sociales llegará una vez que hayamos concluido la unión política y la unión económica solidaria, porque eso es el Banco Central Europeo, y eso es el plan de los fondos europeos. La gran ventaja de todo esto es que ya no tiene marcha atrás. Algo que parecía impensable hace unos pocos años, ahora podría ser para siempre... como ver a Alemania girando a la izquierda, o sea, que las ideas cuentan más allá de quien tiene el poder.

Por eso, es tan importante el debate y la deliberación. Porque después de la crisis de 2008 y la salida de la austeridad convencional, alemana, esperable –porque ese era el manual que había y esos son los fundamentos de cómo se hizo el euro–, de la crisis de la pandemia se sale de otra manera. Y esto es extraordinariamente relevante para nuestra tranquilidad porque los españoles, y en primera línea los socialistas españoles, seguimos viendo en el proyecto de la Unión Europea un anclaje esencial para nuestra convivencia y nuestro bienestar.

Ojalá la comunidad política internacional pudiera avanzar en algo parecido a la Unión Europea a largo plazo, en construir una comunidad política internacional que merezca tal nombre. Para avanzar en ese objetivo, claro, deberíamos contar con un presidente de los Estados Unidos con una gran visión histórica. Una gran visión histórica supondría que, en vez de convocar los tambores de dos o tres guerras frías contra el islamismo, contra China… convocara una gran construcción de la comunidad política internacional desde el multilateralismo. Esa sería para el siglo XXI la mejor noticia: una seguridad y una paz compartidas a escala global; una lucha contra el cambio climático y el cumplimiento de los Objetivos de Desarrollo Sostenible compartidos globalmente.

Ojalá Estados Unidos tenga esa visión histórica y supere el debate interno que mantiene en estos momentos, un debate bastante preocupante y triste, porque parece mostrarse como un gran imperio en decadencia crecientemente obsesionado con China. Es curioso, cuando China ocupaba el puesto 150 del PIB del mundo, en Occidente teníamos un sentimiento casi de condescendencia con aquel país. Y, luego, cuando empieza a desarrollarse y a crecer, la percepción es que es una gran fábrica interesante para el resto del mundo, para producir barato, agilizar mercados y facilitar la producción. Pero finalmente China despega en los últimos años, un despegue impresionante, sacando a 800 millones de la pobreza, y ahora ya se la ve de otra forma, se la ve como un adversario temible. Y es que se trata de un país de 1.400 millones de habitantes, y que cuenta con 120 millones de jóvenes de entre 14 y 22 años con una muy alta formación. A Estados Unidos se le calculan unos 12 millones con esta condición.

Y la experiencia con Biden fue así, como la cuento. Un político bregado, muy vinculado a los sindicatos, pero que fue descarnado en sus conversaciones conmigo en cuanto a la fuerza atribuida a los mercados para orientar decisivamente la salida a la crisis. Yo ya intuía que eso era así. Quería no creerlo. Nunca hice caso a una reunión que me contaron que se había producido en una isla de El Caribe. Una reunión de grandes tenedores de fondos y de inversores muy importantes, que decidieron ahí que era bueno que los países del sur de Europa atravesaran grandes dificultades financieras. Y nunca lo he invocado porque no quería que se entendiera como una excusa, pero es un buen tema para una investigación histórica.

Hay bastantes probabilidades de que esa reunión existiera. Sí, los mercados tienen rostro y cara. Y obviamente, por definición, ¿qué buscaban, qué buscan siempre?, su máximo beneficio. Normalmente, cuando buscan el máximo beneficio…, pues claro…, allí donde prestan, allí donde intervienen, pues quieren que las condiciones sean las más exigentes, ¿no? … obviamente no hay un juego moral y entonces no nos podemos escandalizar moralmente. Es un juego estrictamente economicista. Esa es la cuestión.

Quiero también poner en valor las posiciones de Izquierda Socialista sobre otro tema que me parece muy importante. He mencionado ya la política exterior, incluso la OTAN, y la memoria democrática… otra preocupación de la corriente es la compatibilidad de la autonomía del proyecto político del Partido Socialista, que yo comparto, que definió en gran medida la refundación, que definió el cambio liderado por Felipe González… con la posibilidad y la defensa de compartir coaliciones o gobiernos con otras fuerzas de izquierda.

En esto también ha sido anticipadora la posición de Izquierda Socialista. Creo que sería un error que el Partido Socialista interiorizara que el haber formado el primer gobierno de coalición nacional, y otros en comunidades autónomas, es solamente una cuestión de estricta necesidad aritmética. Sería un error que se viera solo así, y no como algo políticamente factible y hasta conveniente, porque eso permite un diálogo interactivo entre las posiciones de la izquierda. Es una dialéctica interesante plantearse, preguntarse, quién ha influido más en quién: ¿el PSOE en Unidas Podemos o viceversa? Creo que es un tema interesante para el debate. Tengo mi posición y además la anticipé hace tiempo.

Yo creo que la izquierda, el Partido Socialista, tiene un caudal ideológico, un caudal histórico, un caudal de gobierno, un caudal social, un caudal renovador… tan poderoso en España que no puede tener ningún temor a compartir debates, posiciones y gobiernos con otras fuerzas de la izquierda.

Siempre, además, hemos sabido ser generosos. Debemos ser generosos. Con carácter general, quiero decir. Si hay algo que a lo largo de la vida uno puede afirmar es que la generosidad que hayas practicado sirve hasta para mejorar la propia salud, y siempre la podrás recordar con satisfacción. Cuando no has sido suficientemente generoso, queda en la memoria con un regusto amargo. Y nosotros no tenemos ningún problema ni con la memoria ni con la historia. Cuánta tranquilidad da poder subir a la tribuna a hablar, mientras ves a otros que cada vez que sale el tema de la memoria histórica les entra un ataque de no sé qué, porque no lo han asumido.

Esto es muy importante para un partido. ¿Sabéis por qué el Partido Socialista puede perder unas elecciones, pero luego se recupera? Porque tiene memoria y la sociedad tiene memoria del Partido Socialista. La gente puede entender que las cosas no te salgan bien, que te equivoques, pero quiere que tengamos memoria de lo que somos y de lo que representamos.

Esto es lo más decisivo. A Izquierda Socialista le reconozco, pues, su contribución al debate, su aportación anticipadora y su honestidad, la honestidad de sus dirigentes. Y, por supuesto, yo quiero militar en un partido donde todas las corrientes puedan expresarse. La diversidad es una esencia de la izquierda, porque, sin duda alguna, la izquierda es hija y heredera de la capacidad crítica que la Ilustración abrió a los seres humanos, cuando se abandonaron la magia y los dogmas morales impuestos.

Por tanto, compañeros, tenemos todo ese terreno por delante para lograr la abolición de la pobreza, la abolición de la prostitución y la abolición de la desigualdad entre hombres y mujeres.

Si hay algo en lo que la izquierda debe ser autocrítica, o donde más autocrítica debe ser, incluyo a Izquierda Socialista, es que el feminismo, que es la palanca más transformadora que tenemos en el siglo XXI, la que ha aportado los mejores momentos en las últimas décadas a nuestro proyecto político, cultural e ideológico, no formara parte en gran medida de nuestros orígenes ni de nuestro desarrollo. Es en una etapa tardía cuándo, afortunadamente, el feminismo se ha convertido en un rasgo de identidad inequívoco de nuestro proyecto, de lo que representamos.

Yo siempre lo digo con la boca pequeña, porque te critican mucho, pero creo recordar que fui el primer líder político que se declaró "feminista". Esto también está en mi memoria, con una gran satisfacción. ¡Y cómo hemos avanzado!, ¡cómo hemos ganado el debate! Merkel se acaba de declarar feminista. Ha aprobado el fondo europeo, ha aprobado los bonos europeos y ahora se declara feminista.

Todo ello ilustra bien sobre el valor del debate de las ideas, sobre lo que significa ganar ese debate, y a ello ha contribuido mucho Izquierda Socialista.

Muchas gracias.

José Luis Rodríguez Zapatero ha sido presidente del Gobierno de España y secretario general del PSOE.

40

Izquierda Socialista
IS - PSOE

ANIVERSARIO

PSOE

40 AÑOS DE IZQUIERDA SOCIALISTA
11 - 12 de septiembre de 2021
MADRID

Antonio Camaró, Cristina Narbona y Viçent Garcés

Antonio Camaró hace entrega a la presidenta del PSOE de la litografía de su obra *Jamás*

Manuel de la Rocha Rubí y Blanca Fernández

José Luis Rodríguez Zapatero y Juan Antonio Barrio de Penagos
Una visión de Europa desde la Izquierda

Otilia Armiñana

Joan Garcés

Manuel de la Rocha Rubí
Razón de ser de Izquierda Socialista

Andrés Perelló
El valor de la Memoria Democrática

Pilar Llop e Isabel Andaluz
Igualdad

Manuel Mata y Jorge Parada
Por un Modelo Territorial

Toni Ferrer, María Iglesias, Mónica Rodríguez Fuente y José Moisés Martín Carretero
Economía, Empleo y Medio Ambiente

Antonio García Santesmases y Carmina Melendo
Actualizar el legado ideológico

Carmen Calvo
En nombre de la Comisión Ejecutiva Federal

Primera fila: Isabel Andaluz, Eva Llarandi, Javier Ayala y Andrés Perelló.
Segunda fila: Antonio García Santesmases y Juan Lobato

Carmen Calvo

Manuel de la Rocha y
Diego López Garrido

Asamblea Federal de IS-PSOE

Vicent Garcés, José Luis Rodríguez Zapatero y Manuel de la Rocha

Isaura Leal

Pepe Álvarez

Guillermo León Cáceres

Gonzalo Caballero

osé Antonio Pérez Tapias

Josep Borrell

Miquel Iceta

Ximo Puig

Juan Espadas
Adrián Barbón
Omar Anguita
Edón Elorza

Economía, Empleo y Medio Ambiente

María Iglesias Domínguez

Buenos días a todas y todos. Voy a presentar, en primer lugar y por orden de intervención, a José Moisés Martín Carretero, que es economista, es consultor, es comentarista. Lo podemos ver, leer y escuchar, entre otros sitios, en la Cadena Ser, en la Sexta, en Televisión Española, en *El País*, en *El Plural*... Además es cofundador de Economistas Frente a la Crisis. Es una persona ampliamente comprometida con los valores de la izquierda.

En segundo lugar, intervendrá Toni Ferrer, que hablará de empleo. Cuando en este país se habla de empleo, yo siempre pienso en Toni Ferrer. Cuando cada mes se dan los datos del paro, Toni Ferrer nos ha servido de referente en UGT y siempre hemos aprendido de él. Seguimos aprendiendo cada día de Toni Ferrer. Presentarle en el PSOE y en esta casa no es muy necesario. Él es senador, es secretario de Empleo y Relaciones Laborales del PSOE y secretario de Acción Sindical de la UGT, además de vicepresidente del CES en los últimos tiempos.

Siempre hemos aprendido de Toni Ferrer y seguimos aprendiendo cada día de él. Dicen las encuestas que nueve de cada 10 empleos que se habían perdido en la pandemia se han recuperado ya, pero también es verdad que el mercado laboral español es absolutamente precario y absolutamente estacional de una manera clarísima. Voy a dejarle varias preguntas en la mesa: ¿hacia dónde camina el mercado laboral en España?, ¿el futuro del empleo son las plataformas digitales?, ¿vamos a volver a los centros de trabajo próximamente, o tú piensas que el teletrabajo ya va a ser el futuro por siempre jamás?

La última participante de la mesa es Mónica Rodríguez Fuente. En este contexto de economía y empleo sería imposible no hablar también de transición ecológica, no hablar de medio ambiente, porque durante las últimas décadas se han venido desarrollando y acelerando cambios trascendentales en la naturaleza de los fenómenos económicos con fuerte impacto también sobre nuestras sociedades. Por una parte, el capital como motor de la economía de mercado ha ido perdiendo relevancia frente a lo que llamamos la innovación; por otro lado, competencia vinculada a la financiación y a la economía, a la digitalización que ha acabado de configurar un nuevo factor de producción. Los datos y los efectos del cambio climático ya son plenamente percibidos, y con ello, ha crecido la alarma por adoptar una posición más ambiciosa respecto a los problemas de medio ambiente y hacer frente a la transición ecológica y a la transición digital a través de una innovación basada en el conocimiento. Mónica Rodríguez Fuente es ingeniera y experta en transición ecológica y medio ambiente. Ella nos va a situar sobre la crisis actual.

María Iglesias es periodista. Coordinadora de la Agrupación de Periodistas de UGT.

José Moisés Martín

Nos espera una década realmente determinante. Siempre nos parece que las décadas son determinantes, pero esta, probablemente lo sea más. Tenemos por delante el reto, como socialistas, de responder a tres grandes brechas inminentes: la brecha climática, la brecha social y la brecha tecnológica. Por eso, las políticas que desarrollemos en los próximos 10 años van a ser absolutamente claves.

El socialismo democrático, que surgió en una época de grandes cambios, ha sido protagonista de lo mejor de la historia reciente de nuestro mundo. El establecimiento de los estados sociales, la descolonización en el siglo XX, los treinta años gloriosos, el refuerzo del sistema de gobernanza multilateral que supuso Naciones Unidas y la propia construcción europea no se podrían entender sin el concurso de los socialistas y los socialdemócratas. En todos y cada uno de esos momentos, la socialdemocracia ha estado para apoyar, construir e integrar su visión de democracia y justicia social.

Ahora, todo el valor, toda la tradición, todos los elementos que tienen que ver con el socialismo, con el socialismo democrático como proyecto social, se enfrentan, a día de hoy, a estos tres grandes desafíos: el auge de la desigualdad, el reto del cambio climático y las nuevas realidades que genera la rápida automatización y digitalización de nuestra economía.

Y en ese sentido, la respuesta socialdemócrata nace en un contexto protagonizado por la salida de la crisis con unas nuevas bases. En primer lugar, y nunca lo señalaremos lo suficiente, la crisis de la pandemia de 2020 supuso una política y una respuesta europea muy diferente a la que se dio en 2010, eso es evidente. Donde antes tuvimos un culto a la austeridad y una lógica que primaba los intereses nacionales sobre el interés general europeo, que estuvo a punto de quebrar la Unión Europea, en 2020 se dio un salto de gigante en la integración y la solidaridad europea, con la puesta en marcha de la iniciativa *Next Generation,* el mayor esfuerzo de mutualización de los riesgo de la historia de la construcción europea. La puesta en marcha del *Next Generation* ha contribuido a fortalecer los vínculos de los Estados miembros con el proyecto europeo, al tiempo que ha servido de referencia sobre cómo la Unión puede fortalecer su papel en contextos de alta incertidumbre.

En segundo lugar, debemos señalar que estamos en un proceso de revisión crítica de la globalización. Hace 10 o 15 años la globalización era una fuerza imparable. Hoy en día se habla de la crisis de la globalización, lo que nos lleva a lo que yo considero que es el tercer pilar de las nuevas bases de esta recuperación, el concepto de soberanía económica, de autonomía estratégica, de volver a recuperar espacios para la soberanía. La pandemia ha evidenciado la fragilidad de un modelo económico construido sobre las deslocalizaciones y la liberalización acrítica, y ha dado la relevancia necesaria al establecimiento de nuevos canales de producción, agudizados con la emergencia de la agresión rusa a Ucrania y sus efectos económicos y sociales.

Esta realidad de cierta renacionalización, a su vez, nos empuja a un tercer pilar, que no es otro que un nuevo intervencionismo. Es decir, un nuevo papel del Estado, un nuevo papel del sector público en la construcción de un proyecto económico viable y justo a medio y largo plazo. Tanto en Estados Unidos como en la Unión Europea el dogma de *laissez faire* ha dado paso a una era de política industrial activa donde la cooperación entre el sector público y el sector privado constituyen un nuevo paradigma de política económica. La economista ítalo-estadounidense Mariana Mazzucato ha estudiado estas nuevas reglas de política industrial, señalando hacia el protagonismo del Estado en la gestión de la política industrial, pero no ha sido la única. En los últimos años, el economista turco-estadounidense Dani Rodrik ha insistido en la misma dirección, que ha sido recogida por la idea del *Green Deal*, un programa que es, en última instancia, un programa de política económica e industrial donde el sector público lidera la transformación de la economía.

Yo creo que estos tres pilares están claramente identificados en las principales respuestas que da el manifiesto del Partido Socialista Obrero Español para su 40 Congreso. En primer lugar, una apuesta muy decidida por reforzar la política fiscal, instrumento que teníamos prácticamente abandonado. La teoría económica dominante hasta hace apenas una década otorgaba a la política fiscal un papel muy reducido, dejando todo el protagonismo a la política monetaria. Sin embargo, las nuevas realidades nos ofrecen un escenario más fecundo para recuperar el papel de la política fiscal. El partido apuesta por la reforma de las reglas fiscales de la Unión Europea, yendo incluso más allá de lo que llamamos las propuestas contracíclicas, que son las destinadas a impedir, superar o minimizar los efectos del ciclo económico, y la plantea como una herramienta que puede orientar la transformación estratégica de la Unión Europea a través de un estado inversor y del fomento de la cohesión dentro de la propia Unión Europea.

Una segunda apuesta es el impulso de la innovación y la necesaria respuesta a los retos de la digitalización: la autonomía digital y su impacto en el empleo. Y en este sentido, se apuesta claramente por la reindustrialización y por volver a repensar el concepto de empresa. Dábamos por hecho que el mercado tenía que funcionar y yo creo que hoy se ha abierto una ventana de oportunidad para volver a pensar qué pasa dentro de las empresas, cuál es el modelo de empresa hacia el que vamos.

De la misma manera, el manifiesto identifica bien cuáles son las tendencias y cuáles son las líneas sobre las que basar un nuevo proyecto socialista: el nuevo papel del Estado o la política fiscal, incorporando en esa política un elemento que me parece clave: la educación fiscal.

Es este un tema de especial relevancia: tenemos que dar una batalla ideológica por defender la utilidad de la política fiscal y la utilidad de los impuestos progresivos. Un batalla ideológica que, en absoluto, a fecha de hoy, tenemos ganada. Mensajes como los de Isabel Díaz Ayuso, proclamando a la Comunidad de Madrid tierra de la libertad por sus bajadas o supresiones de impuestos, calan en el discurso público, aderezados con manipulaciones estadísticas y estudios engañosos. Esos discursos sobre que los impuestos son negativos son muy peligrosos. Los impuestos son positivos porque son los que garantizan la cohesión, los que garantizan los servicios públicos y son, como se suele decir, el precio de la civilización. Sin impuestos, lo único que tenemos es barbarie.

Y ahí, creo que los socialistas han sido muy tímidos, muy poco valientes a la hora de presentar y defender nuestra propuesta como una propuesta esencial: un sistema fiscal justo, progresivo y suficiente para financiar nuestro modelo social y la extensión de derechos. Nos gusta muy poco hablar de impuestos y deberíamos hablar más. Deberíamos hablar de educación financiera y, sobre todo, de educación fiscal porque es un elemento que va a ser clave.

En cualquier caso, la socialdemocracia no debería sentirse complaciente solo con constatar que los vientos soplan a favor porque la Unión Europea se está planteando reformar las reglas fiscales. Llevábamos un tiempo extraordinario donde el Banco Central Europeo ha mantenido una política relativamente laxa que nos va a permitir tener herramientas para responder a la crisis. Este tiempo no ha durado para siempre y la nueva política monetaria es mucho más dura que la anterior, dificultando la recuperación para contener los precios.

Pensamos igualmente que hay todo un consenso que, sin llegar a ser socialdemócrata en todos los términos, supera los principios del neoliberalismo de libre comercio, de libertad sin límites para las empresas: empezamos a pensar que el libre comercio de la globalización necesita algunos límites. Particularmente esto es importante para la Unión Europea, donde nuestra autonomía estratégica se está viendo comprometida por los avances de China y de Estados Unidos. Pero el proteccionismo tiene también costes y debemos pensar en ellos.

Por tanto, creo que hay cierto viento que sopla en la dirección de los principios y valores de la socialdemocracia pero también hay problemas que no podemos ignorar. De esta manera, la nueva situación económica está invitando a un cierto rebrote de tintes austericidas en el seno de la Unión Europea. Esto es inevitable porque los movimientos son cíclicos y la situación de altos precios, ahora, da alas a esta posición.

Segundo elemento que debemos señalar y tratar con urgencia. Vamos a ver que todo el proceso de transformación que tenemos que hacer en nuestra economía, en términos digitales, ambientales o de innovación, se va a enfrentar con fuertes resistencias porque tiene costes, costes que ya están afectando a nuestra economía. La digitalización genera ganadores y perdedores, al igual que las políticas climáticas, y no podemos dejar a nadie atrás. La transición justa es un compromiso ineludible en el que la socialdemocracia debe actuar con audacia, pero también con capacidad de integrar y de evitar que se generen nuevas brechas económicas y sociales. Si las transiciones ambiental y digital inciden en las brechas sociales, es muy posible que terminen descarrilando, y ese riesgo es un riesgo que no podemos permitirnos.

Me gustaría ver que el manifiesto del PSOE tuviera un mandato muy claro, que en los próximos años, donde tenemos que desarrollar esas fuertes transformaciones económicas, sociales, ambientales y de innovación, donde el Estado vuelva a tener un papel importante, donde apostemos por la reindustrialización, por moderar los efectos de la globalización, por avanzar hacia un modelo innovador y hacia una política fiscal justa y por luchar contra las desigualdades, nos va a hacer falta un rearme ideológico del proyecto económico socialdemócrata.

No nos confiemos en que el Banco Central Europeo nos está ayudando ahora. No nos confiemos en que la Comisión Europea está entendiendo que hay que cambiar las cosas. No nos confiemos solamente en el *Next Generation*. En ese sentido, sería interesante preguntarse qué hubiera pasado en 2010 si hubiésemos tenido este esquema, este contexto favorable. Insisto, no pensemos que los años pasados están enterrados, pueden volver en cualquier momento y nos podemos encontrar con que el año que viene tengamos presiones para consolidar fiscalmente, se consoliden las subidas del tipo de interés o veamos resistencias sociales a las transformaciones ecológicas y energéticas que tenemos que hacer. Por tanto, necesitamos rearmar el proyecto económico de la socialdemocracia asumiendo la gravedad de lo que puede ocurrir en los próximos 10 años si no somos capaces de responder adecuadamente a todos estos retos.

Muchísimas gracias.

José Moisés Martín es economista. Fundador de
Economistas frente a la Crisis.

Toni Ferrer Sais

Muchas gracias, por vuestra invitación y por la oportunidad que me dais de poder participar en esta conferencia de Izquierda Socialista (IS). Es un hecho histórico, de gran relevancia para el socialismo de nuestro país, pues este año se cumple el 40 aniversario de la constitución de la única corriente de opinión que tiene en su seno el Partido Socialista Obrero Español (PSOE). Quiero manifestar mi reconocimiento y agradecimiento a los militantes de la corriente por su compromiso, coherencia y generosidad.

De IS ya se ha dicho todo o casi todo, no obstante, me gustaría poner en valor una cuestión, una de sus señas de identidad, su vinculación al movimiento sindical, tanto desde su creación como en toda su trayectoria. No sé entendería el movimiento obrero a partir de 1981 sin el papel desarrollado por Izquierda Socialista en momentos históricos y en momentos muy complejos para la familia socialista, en los que se polarizaron las posiciones. Desde IS siempre se estuvo al lado del trabajo y de las organizaciones sindicales.

Hay una fecha histórica, un gran acontecimiento democrático en nuestro país, sobre el que ha escrito mucho y muy bien el compañero Antonio García Santesmases, que es la Huelga General del 14 de diciembre del año 1988. Entonces los militantes de IS jugaron un gran papel en la defensa de las razones sindicales para convocar el paro general por las discrepancias con la política económica y social del Gobierno de Felipe González. En el paro participaron activamente en los piquetes informativos de la Unión General de Trabajadores (UGT).

De una manera sintética, intentaré aportar mi visión sobre la Ponencia Marco en lo que respecta al mundo del trabajo. La primera cuestión a tener en cuenta es que la Ponencia Marco, como decía José Moisés, orienta bien los aspectos referidos al empleo, la lucha contra el desempleo, las condiciones de trabajo y las relaciones laborales. ¿Por qué? Porque hereda una parte importante de las resoluciones del 39 Congreso Federal. No hay que perder esa perspectiva, porque hay un antes y un después en la visión que el socialismo español tiene sobre el mundo del trabajo. Si nos vamos a las resoluciones de anteriores congresos, hemos estado coqueteando con posiciones economistas, a veces apropiándonos de tesis neoliberales, o viajando a Austria para traernos su "mochila" de los despidos.

La Ponencia Marco pone en el frontispicio un tema fundamental: la lucha ideológica en la defensa del trabajo. Esto que parece una frase hecha, tiene un infinito valor porque supone que el partido que sustenta al Gobierno plantea que sus políticas no se basen en reducir el coste del factor trabajo. Hasta el 39 Congreso Federal esa había sido la doctrina mayoritaria. El presidente José Luis Rodríguez Zapatero hablaba de la crisis financiera internacional y de las medidas adoptadas en mayo del 2010, pues con aquella reforma laboral se impuso una devaluación salarial en nuestro país para salir de la crisis.

La segunda cuestión que cito de la Ponencia Marco es la apuesta clara por fortalecer la negociación colectiva, es decir, las relaciones colectivas de trabajo, un elemento de ruptura cultural e ideológica frente al individualismo y la desregulación que se propicia en la actual etapa de digitalización de la economía. En los países que hay una mejor distribución de la renta es en aquellos donde hay un sistema de negociación colectiva fuerte porque los convenios colectivos son los instrumentos más eficaces de redistribución y sientan las bases para corregir las desigualdades.

Una de las enseñanzas de la actividad sindical es que en los países donde se ha debilitado a los sindicatos y desregulado la negociación colectiva han aumentado las desigualdades. Por eso es muy importante que la Ponencia Marco defienda claramente la importancia económica y social de la negociación colectiva y la fuerza de los sindicatos de clase. La vertebración y articulación de la negociación colectiva tiene que ser en base a los sectores y para ello hay que suprimir la prevalencia del ámbito de la empresa impuesto por la reforma laboral de 2012 del Partido Popular (PP).

La tercera cuestión que quiero destacar es la necesidad de sanar el mercado laboral español, que está enfermo y no precisamente por la pandemia de la COVID-19. Desafortunadamente, tenemos una situación estructural de altas cifras de desempleo, somos un país que siempre tiene una tasa de paro superior a la media de nuestros socios europeos, que afecta especialmente a las personas mayores de 45 años, mujeres o jóvenes.

Además, hay un segundo factor negativo para el empleo, la Ponencia Marco lo denomina como dualidad y segmentación laboral, la precariedad. Hay que erradicar la precariedad dentro de este mercado laboral enfermo que, una vez más, afecta fundamentalmente a jóvenes y mujeres. Para ello, se defiende la causalización de la contratación, impulsar la estabilidad, la reducción de la temporalidad o dignificar el tiempo parcial. Hay que erradicar la idea que venden los neoliberales de que el tiempo parcial es una herramienta de conciliación. Es una herramienta de explotación, no de conciliación.

En España, históricamente se ha utilizado la temporalidad injustificada como forma de entrada al mercado de trabajo, especialmente con los jóvenes. Romper esa cultura injusta requiere de una regulación fuerte. Lo estamos viendo en los debates en la mesa de diálogo social para la modernización del mercado de trabajo. Existe un grado de confrontación y de polarización muy importante, porque la patronal ve que va a perder el poder que tenía de contratar sin causa con contratos de menos de una semana, o de contratos temporales encadenados o abusivos en las actividades cíclicas y estacionales, como el campo o la hostelería, a las que corresponde la contratación de fijos discontinuos.

La cuarta cuestión es la lucha contra el desempleo y la necesidad de resolver la gran asignatura pendiente de nuestro mercado de trabajo: las políticas activas de empleo y la gobernanza del empleo en España, que nos permitan actuar ante el desempleo y anticipar la evolución del empleo. Hablamos de los efectos de la digitalización, del cambio climático o de la internacionalización de la economía.

En este sentido, la Ponencia Marco apunta en la dirección de modernizar y reforzar las políticas activas y habla de una reforma de los servicios públicos de empleo, aspecto realmente importante, pues para todo ello se plantea la necesidad de aumentar la inversión. A su vez, se indica la necesidad de mejorar la protección de las personas desempleadas y de la coordinación con los otros sistemas de protección social, como en este caso podría ser con el recién creado Ingreso Mínimo Vital.

La Ponencia, en un país como España, no olvida para nada la economía sumergida y da una visión socialista de la empresa. Pues, en función de las empresas que tengamos, así se será el mercado de trabajo. Si la empresa sigue funcionando con un modelo únicamente basado en generar valor para la propiedad o los accionistas, se impondrán las reformas laborales para desregular el mercado de trabajo y reducir los costes del trabajo. Por el contrario, si se apuesta por un modelo de empresa responsable en todos los aspectos, económicos, sociales y medioambientales, el empleo debe ser estable y con derechos, en definitiva el Trabajo Decente.

No se habla solamente, aunque también se cita, de la responsabilidad social de las empresas. Habla de un nuevo paradigma de empresa que no solo se reivindica desde la socialdemocracia o del socialismo, sino desde sectores del propio capitalismo que están preconizando este nuevo paradigma de empresa como una forma de superar la crisis permanente en la que vive el capitalismo. Se incluye también, en esa visión empresarial, la empresa respetuosa con los derechos humanos, en cumplimiento de la Agenda 2030 y de los Objetivos de Desarrollo Sostenible (ODS).

Hay un tema fundamental que es muy importante que se haya incorporado en la Ponencia, y que creo que a partir del 40 Congreso debería formar parte también del diálogo social, que es la democracia económica. Lo que conocíamos históricamente en el ámbito del sindicalismo como la democracia industrial o la participación de los trabajadores en la empresa. Somos uno de los pocos países de Europa que no tiene ninguna regulación de la participación de las personas trabajadoras y sus representantes en los órganos de dirección o de control de las empresas. No es posible que los trabajadores tengan que enterarse de los temas que les afectan directamente después que los accionistas.

Se pueden buscar fórmulas de participación de los trabajadores que se adapten a nuestra estructura empresarial. Es cierto que es una cuestión compleja, que tiene malos antecedentes. La gente puede confundir la participación de los trabajadores en la empresa con la mala praxis que se dio en las cajas de ahorro o la participación que hubo con los jurados de empresa en la etapa franquista. Cuando la realidad es que tenemos experiencias desde los años 80 y con muy buenos resultados de participación de los trabajadores en las empresas públicas, a partir del Acuerdo de participación sindical en el antiguo Instituto Nacional de Industria (INI) y en otros organismos públicos.

La Ponencia profundiza en la necesidad de fortalecer y apoyar la economía social como una herramienta de lucha frente a las crisis que se ha demostrado eficaz para recuperar y crear empleo. Esta es una fórmula de organización de la empresa, la de las cooperativas o las sociedades laborales, inspirada por los principios del socialismo. Si la dictadura franquista no hubiera arrebatado a las organizaciones obreras el patrimonio que crearon durante la II República y en los años anteriores, encontraríamos infinidad de iniciativas de economía social, en el ámbito agrario, en la industria o en los medios de comunicación.

Otra propuesta relevante es la democratización de la propiedad de las empresas, facilitando la participación financiera de los trabajadores en el capital de las mismas. Sobre el trabajo autónomo se establece la necesidad de diferenciar el trabajo autónomo de la utilización fraudulenta de los falsos autónomos, abusos que se deben erradicar. También se plantea la necesidad de mejorar la protección social del colectivo de autónomos, en base a la cotización sobre los salarios reales, medidas que ya se están abordando en diálogo social.

Como en la invitación que se me hizo para participar se me dijo que planteara puntos críticos, comentaré algunos. El primero de todos es el referido a la necesidad del cambio de modelo económico y social y su vinculación con el objetivo del pleno empleo. La Ponencia, en mi opinión, habla aún en una fase previa de analizar cómo hacerlo. Creo que, junto al necesario impulso del cambio de modelo productivo, la experiencia y el conocimiento que tiene la socialdemocracia en la órbita de la Unión Europea, o de la OCDE, es necesario desarrollar instrumentos de reparto del empleo, como la reducción de jornada.

En España llevamos desde 1982 sin reducir jornada, desde la Ley de las 40 horas. Prácticamente todos los países vecinos están bordeando las 35 horas y la mayoría lo tienen regulado por ley. Por lo tanto, la propuesta debería ser la reducción de la jornada por ley y reforzar el papel de la negociación colectiva para evitar la tendencia, cada vez mayor, de las jornadas más desreguladas e individualizadas, lo que no tiene nada que ver con la flexibilidad negociada. Cuando hablamos de tiempos de trabajo, cuando hablamos de tiempos para los cuidados, la regulación y flexibilidad negociada son fundamentales.

En segundo lugar, creo que habría que profundizar más en la política de rentas, hemos dado un paso muy importante con la dignificación del Salario Mínimo Interprofesional (SMI). Todo apunta a que en 2023 se culminará el compromiso del Gobierno: el SMI se situará en el 60% del salario medio de acuerdo con la Carta Social Europea. Pero habría que desarrollar una política de rentas en la que el Gobierno sea un referente para el sector privado en las políticas salariales, con medidas como la garantía del IPC para los empleados públicos o que el Indicador Público de Rentas Múltiples (IPREM) se actualice anualmente, también con el IPC, pues tiene una gran incidencia sobre las becas o la protección social.

Respecto a la reforma laboral, es verdad que se recoge en la Ponencia, pero falta poner el énfasis que tiene el Plan de Recuperación, en su componente 23 recoge los contenidos de la reforma laboral. La Ponencia tendría que recoger estos aspectos y tener una perspectiva más amplia, si no, nos podríamos encontrar que en diciembre haya una parte de la Ponencia que esté resuelta por un pacto en la reforma laboral y no se tengan objetivos de más largo plazo. Deberíamos enfocar exactamente qué aspectos de la reforma laboral ya se están afrontando en parte, y qué objetivos hay que desarrollar para culminar con un nuevo Estatuto de los Trabajadores.

Termino, por último, deberíamos reflexionar sobre la necesidad de regular todo un plantel de nuevos derechos vinculados a la digitalización, al cambio climático y a la globalización que no están contemplados actualmente y que cada día son más necesarios para una transición justa. Hemos avanzado con la Ley Rider y también con el derecho a la desconexión, pero nos queda un campo fundamental de intervención política y del diálogo social sobre la utilización, sin control, de las plataformas digitales y de los algoritmos que, como se está demostrando en muchos casos, vulneran los derechos laborales e incluso los derechos fundamentales de las personas. Para evitarlo hace falta una regulación fuerte a nivel europeo y estatal.

Muchas gracias por vuestra atención.

Toni Ferrer Sais es senador. Exsecretario de Acción Sindical de la Comisión Ejecutiva Confederal de la UGT.

Mónica Rodríguez Fuente

Gracias a Izquierda Socialista. Gracias por la invitación. Es un honor poder participar en este acto de vuestro 40 aniversario. 40 años de una corriente que a través del debate y la reflexión ha contribuido a que el PSOE siga siendo el referente político de la izquierda en este país.

Vengo a hablar de la parte de la ponencia relacionada con el medio ambiente. Y quiero empezar con un reconocimiento a la enorme labor que ha realizado el Gobierno de España en esta materia.

Desde 2018 se ha actuado con mucha celeridad para disponer de un marco normativo para la necesaria transición ecológica en nuestro país. Hemos sido referentes en esta materia y se ha liderado un papel importante en seno de la Unión Europea a la hora de marcar una hoja de ruta común.

No obstante, la ciencia nos dice que la situación requiere ir más allá, que en los próximos años nos la jugamos en este tema. Todos debemos ir más allá, desde el Gobierno y desde el partido también, pues debemos acompañar y guiar esa labor. De ahí, el papel trascendental de la ponencia del próximo 40 Congreso para poner las luces largas en un contexto de cambio global hacia los cuatro próximos años. Y vaya mi reconocimiento al esfuerzo y trabajo realizado de los compañeros y compañeras que han elaborado este borrador, porque es una labor verdaderamente encomiable.

Por ello, voy a comentar los retos a los que se enfrenta la ponencia, en primer lugar sobre crisis climática y transición ecológica.

El cambio climático es la principal amenaza que se cierne sobre la humanidad y ya está aquí. Va a cambiar nuestras vidas tal como las conocemos. Hemos aumentado nuestra temperatura global en 1,1 grados. El año 2020, aun habiéndonos parado por la pandemia, ha sido el más cálido desde que tenemos registros, empatado con 2016. En el oeste de Estados Unidos, en el californiano Valle de la Muerte, se midieron 54,4 grados Celsius, la temperatura más alta medida en la Tierra desde 1931. Además, se registró la temporada con el mayor número de tormentas tropicales y huracanes. Incluso en la región mediterránea se registraron "medicanes", huracanes mediterráneos, un fenómeno inusual. Asimismo, las olas de frío extremo batieron récords también en el comienzo de 2021, como pudimos ver con Filomena. Se sucedieron récords de temperatura como el de Canadá a 50 grados durante cuatro días. El pasado 1 de septiembre, la DANA se acercaba a la ciudad de Toledo.

Paralelamente sufrimos una crisis de biodiversidad tal como demuestran los datos. Sólo queda un 40% de bosques en buen estado de conservación. Al ritmo actual, los ecosistemas indispensables para nuestra vida que llegarán a finales del siglo XXI ocuparán apenas un 10% de su área original. Es decir, estamos ante un reto histórico. La pandemia nos ha enseñado que es mucho mejor prevenir que actuar después y la ciencia nos insiste en que cada vez esto es más urgente.

Este mes de agosto se publicó parte del gran informe del panel de expertos vinculados a la ONU (IPCC) que lleva más de tres décadas sentando las bases sobre el cambio climático. El último se publicó en 2013 y ahora se reafirma en que el cambio climático es consecuencia de la actividad humana llevada a cabo desde la época industrial.

Además, se reafirma en que estamos en un calentamiento acelerado y que, a menos que las emisiones de gases de efecto invernadero se reduzcan de manera inmediata, drástica y a gran escala, limitar el calentamiento a cerca de 1,5 grados centígrados o incluso a 2 grados será un objetivo inalcanzable. No olvidemos que con un calentamiento global de 1,5 grados centígrados, se producirá un aumento de las olas de calor, se alargarán las estaciones cálidas y se acortarán las estaciones frías; mientras que con un calentamiento global de 2 grados centígrados, los episodios de calor extremo alcanzarían con mayor frecuencia umbrales de tolerancia críticos para la salud, los ecosistemas y economía.

Con lo emitido ya a lo largo de las últimas décadas, en las próximas, no sólo habrá incremento de temperatura sino cambios en las regiones que se intensificarán si sigue el calentamiento. Entre las consecuencias directas, están los fenómenos meteorológicos extremos. Eventos similares a los que hemos visto este verano las olas de calor o las lluvias torrenciales (la tremenda ola de calor de finales de junio en Canadá, las inundaciones en el centro de Europa o en China de julio) y los incendios asociados al calor en la cuenca del Mediterráneo han aumentado en intensidad y frecuencia.

Reseñar que en un segundo borrador del informe se afirma que no es sostenible el modelo económico basado en un crecimiento continuado y ahora se debate sobre si se puede crecer y reducir al ritmo necesario o si esto no es posible. Con mayor o menor contundencia, sí parece necesaria una transformación del modelo de desarrollo de crecimiento ilimitado a otro, dentro de los límites ambiéntales.

En este escenario, sí quiero destacar, como dije antes, que nuestra llegada al Gobierno en 2018 ha supuesto una aceleración de la respuesta a la emergencia climática en un tiempo récord sin precedentes. Tenemos ya el marco regulador imprescindible: la Ley de Cambio Climático y Transición Energética, que también supone un importante elemento de concienciación y aceptación de situación. Hubo muchas críticas a esta ley porque se la consideraba poco ambiciosa pero en mi opinión, teniendo en cuenta los años de retraso, el objetivo es bastante aceptable. Ahora bien, este contexto nos exige ir más allá, con más y mejores medidas, tal como nos viene recordando la ciencia año tras año.

Esos años de retraso creo que nos obligan a adoptar mecanismos para estar en continua mejora, por eso hay que ir añadiendo más y mejores medidas para reducir esas emisiones y absorber todo el aprendizaje de lo que vamos poniendo en marcha, y por eso, creo que sería importante abordar en la ponencia aspectos como la reducción de emisiones en más sectores, como la movilidad, el transporte y residuos. Es llamativo que no se prohíbe el *fracking*, gran emisor de metano.

Sería importante incluir mecanismos para mejorar objetivos. Si se hace una revisión, por ejemplo con carácter bianual, podremos mejorarlos.

Además, habrá que abordar que la transición ecológica no debe quedarse en una mera transición de tecnologías fósiles a tecnologías renovables, si no que tiene que implicar un cambio de modelo hacia un crecimiento dentro de los límites planetarios.

Asimismo habría que introducir medidas para desincentivar actividades menos limpias, o mejor dicho, ayudas a las actividades menos contaminantes. El "quien contamina paga" ha quedado obsoleto, ya no se puede contaminar.

Creo que es muy relevante contribuir a un sistema fiscal que esté a la altura en materia medioambiental. También considero que hay que realizar mejoras en gobernanza, por ejemplo, disminuyendo la regulación administrativa.

Y quiero recordar que contamos con el Plan Nacional de Adaptación, pero según el último informe de políticas locales de lucha contra el cambio climático de 2019, solo el 28,9% de los gobiernos municipales y autonómicos de España, que representan alrededor del 62% de la población del país, comprometidos con la sostenibilidad, tienen planes de adaptación concretos al cambio climático.

Sobre la mencionada biodiversidad, son imprescindibles medidas para frenar la destrucción de ecosistemas, la pérdida de biodiversidad biológica y la propagación de enfermedades transmitidas por el agua y por vectores. Además se hace indispensable ordenar sobre el territorio el desarrollo renovable para que sea compatible con la conservación de la biodiversidad y de los espacios de valor ecológico de nuestro país.

Respecto al problema del agua, tampoco podemos olvidar que, a pesar de que somos un país amenazado por la desertificación, no se aborda en profundidad la necesaria transición hídrica.

Quería hacer hincapié en esta intervención en la necesidad de una transición ecológica justa. Las transiciones nunca son fáciles. Tal como refleja la ponencia resulta clave abordar esta transición ecológica desde la óptica de la equidad y la justicia social. Es decir, a la vez que abordamos la transición debemos combatir las desigualdades y distribuir los costes que esta transición puede generar.

La Estrategia de Transición Justa 2019 incorpora, a través de convenios de transición justa, medidas urgentes para comarcas de carbón y centrales en cierre 2019-2021 para la creación de actividad sostenible, el mantenimiento del empleo con nuevas actividades bajas en carbono y que este sea igualitario, porque las mujeres no pueden ser las perdedoras de la transición.

Esta ha sido una buena estrategia y debemos aprender de estos procesos puestos en marcha, pues además del sector energético hay que emprender la transición justa en otros sectores: turístico, agrario, transporte, modelo de consumo, etc., pensando en el empleo y también en los territorios.

Otro aspecto que indica la ponencia, pero no terminamos de cerrar, es que esta transición se plantea como una oportunidad para un nuevo modelo económico en el mundo rural, pero hay que tener mucho cuidado en el "cómo" de la transición para que no se nos vuelva en contra. Por ejemplo, si el intenso despliegue de renovables en nuestro país –que necesitan mucho territorio e instalación de líneas, con lo que conlleva de impacto en paisaje y biodiversidad–, se realiza sin una planificación detallada previa puede volverse en contra.

Y más allá de estos impactos territoriales, de fondo vemos un problema mayor y es que el campo considere que es el patio trasero de la ciudad y además teniendo que renunciar a sus recursos naturales sin unos beneficios claros, por lo que otra vez el mundo rural se siente perdedor del progreso. A pesar de la urgencia climática, parece razonable que busquemos y debatamos mecanismos para que los proyectos no se realicen con la oposición de los territorios que los albergan. Debemos concretar cómo vamos a apoyar un mayor despliegue de comunidades energéticas y cómo apostamos por la democratización de la energía y por la energía distribuida. Y debemos evitar que se dé también un descontento social que sea aprovechado por la demagogia, el negacionismo climático y los populismos.

Más allá de lo concreto, quiero trasladar la idea de que la transición ecológica, para que tenga éxito, no debe ser percibida sólo como un conjunto de renuncias, restricciones, costes e impuestos. Por contra, la ciudadanía debe percibir que se trata de una apuesta e inversión por la creación de empleo y regeneración de la economía y que los costes se distribuyen. Si no, insisto, corremos el riesgo de que los populismos y el negacionismo canalicen el descontento social. Y aquí, el papel del Estado, aparece como muy relevante, porque el Estado debe apostar para que esta transición tenga éxito.

Pero también habrá que conectar esta transición justa con el resto de otros debates que se abren en torno a la digitalización y el futuro del trabajo que también son transición ecológica como recuerda IPPC: transformación digital, empleos escasos, cómo acomodar los recursos finitos al modelo económico, reparto del trabajo, crecimiento no infinito o cómo será posible la prosperidad con menos empleo.

Por último, creo que se debería abordar en la ponencia algo muy importante y es el uso que estamos haciendo del agua. Nos estamos quedando sin agua. Somos el país europeo más amenazado por la desertificación, por lo que en las próximas décadas habrá una reducción de disponibilidad de agua y una mayor frecuencia e intensidad de lluvias torrenciales.

Las causas de esta escasez de agua son principalmente dos: el cambio climático (motor de desertificación de los ecosistemas) y también la actividad humana por el mal uso de los recursos naturales, en este caso el agua y suelo.

En este contexto, quiero reseñar que la agricultura usa el 80% del agua que utilizamos en España. La agricultura intensiva en determinados territorios del Levante, pero también en la cuenca del Ebro y del Duero, se bebe más agua de la que hay disponible.

Este modelo competitivo no para de crecer al abrigo de aguas de otras cuencas y regadíos ilegales y de modernizaciones de regadío que no son tales porque lo que se invierte en regadío se gasta en ampliar la superficie regada. También hay muchísima explotación ilegal, y esto es algo que no se ha querido parar con gobiernos de cualquier color político y de cualquier comunidad autónoma. Pero además se añade el gran problema de contaminación que origina a nuestras aguas. Los acuíferos que alimentan buena parte de esta agricultura están sobreexplotados, salinizados o contaminados.

Y un ejemplo de lo que hablo lo hemos conocido mucho estos días. El posible colapso de un ecosistema único como el Mar Menor, cuyo origen está en estas dos causas: los aportes agroquímicos y los regadíos ilegales. Además, se ha apoyado en un exceso de agua del trasvase. Pero existen más, de mayor o menos gravedad, como Doñana.

La reserva de agua disponible en España va progresivamente disminuyendo y hay que asegurar los requisitos humanos y ambientales. La pregunta que nos tenemos que hacer es: ¿de qué nos sirve que este tipo de agricultura sea un motor económico hoy y que en 20 años deje de serlo?

Por lo tanto, es imprescindible abordar una transición hidrológica, ya que estamos hablando del agua, que es un bien público, generador de derechos, que debe asegurar la vida de la especie humana y de los ecosistemas. Hay que superar las viejas y obsoletas visiones que sobre este tema se tenían y que consideraban que el agua era un recurso ilimitado y gratuito. Lógicamente, insisto, esta transición debe ser justa y producirse con un acompañamiento social.

Esta transición hidrológica debe basarse en la diversificación de las fuentes de oferta y la mejora de su gestión, pero evitando una demanda fija. Hay que acometer planes de apoyo a la implantación de tecnologías de ahorro vinculados al buen uso de los ahorros conseguidos en el recurso. Asimismo, hay que impulsar la desalación y la desalobración por lo que es necesaria la inversión en innovación de las aguas subterráneas. Luego, hay asuntos obvios, como los trasvases, que van a ir decreciendo porque no hay agua.

Como vamos a disponer de menos agua en las próximas décadas, hay que acompasar el volumen de la actividad agraria a esa menor disponibilidad, pues hay que garantizar el requerimiento ambiental y el humano. Por tanto, hay que reforzar el control de derechos concesionales y nunca "regularizar regadíos consolidados".

Asimismo hay que adoptar medidas de gobernanza y adecuación ambiental para revertir la contaminación difusa con instrumentos eficaces que vayan más allá del "quien contamina paga", porque no se puede contaminar más. Esto implica también superar el actual agravio comparativo con otros usuarios, como los urbanos. Es muy importante lograr la máxima resiliencia al cambio climático en la tipología de cultivos y en las técnicas agrícolas y, paralelamente, revisar los sistemas de pago del conjunto de los costes de asignación de un recurso tan escaso. Esto debe conllevar un sistema de pago ajustado al agua de riego efectivamente consumida, así como incentivando la reutilización del agua para satisfacción de demandas agrarias.

Se trata de medidas que van más allá de las relacionadas con el uso agrícola para asegurar la buena gestión de este elemento indispensable para la vida, los ecosistemas y generador de derechos, como reconoció la ONU en 2010, y que cada vez va a ser más escaso en nuestro país.

Por último quiero hacer un apunte sobre el tema de las ciudades, asunto sobre el que la ponencia tiene un apartado que versa sobre ciudades y agenda urbana, así como sobre nuestra apuesta por esas ciudades sostenibles y seguras que necesitamos. Y es que en las ciudades vive la mayoría de la población; son grandes consumidoras de recursos, generadoras de contaminación y residuos, y se enfrentan a un reto sin precedentes.

La Ley de Cambio Climático y Transición Energética apuesta por que haya zonas de bajas emisiones y yo añadiría que tenemos que buscar los mecanismos para que esas zonas no puedan revertirse como puede pasar esta semana en el Ayuntamiento de Madrid, donde van a seguir llamando "zona de bajas emisiones" a una zona en la que de repente van a poder entrar 50.000 coches más. Hay que establecer mecanismos para que los avances no puedan ser anulados cuando se cambian los gobiernos. Tampoco se puede abordar el reto con el mero cambio de vehículos contaminantes a vehículos eléctricos como quiere hacer el alcalde de Madrid, ya la ciencia está demostrando que es insuficiente.

Las políticas municipales respecto al clima deben tener objetivos ambiciosos, hay que mitigar emisiones y en la ciudad es muy importante adaptarse. Hemos de prepararnos en nuestro país para las olas de calor, reduciendo espacios peatonales de hormigón, plazas duras, reverdecer; hay que fomentar las SBN (Soluciones Basadas en la Naturaleza) para integrar los cursos de ríos en tramos urbanos, etc.

Esta semana conocíamos la iniciativa del programa europeo de ciencia e innovación, "citiES 30" que busca ciudades climáticamente neutras y más seguras con el horizonte de 2030. Experiencias que han sido inspiradoras para nuestra ponencia, como ir trasladando lo regulado a nivel estatal al ámbito municipal: rehabilitación energética de edificios, energías renovables, despliegue de comunidades energéticas, reducir residuos más allá de cumplir la estrategia, simbiosis industria ciudad para la economía circular, etc.

En suma, abordamos la ponencia en un tiempo en el que tenemos que dar respuesta a uno de los mayores retos para la humanidad. La labor del Gobierno, en este sentido, ha sido encomiable y en tiempo récord. La ciencia nos dice que tenemos que seguir e ir más rápido. Pero tenemos, en conjunto, que involucrarnos en ir más allá: el Gobierno, los gobiernos autonómicos y municipales y el partido.

Tenemos la oportunidad de reflejarlo en un documento que nos guíe en esta encrucijada de aquí a cuatro años y debemos seguir debatiendo para mejorarlo. Es un camino por hacer para el que se necesita de todo el talento y experiencia posibles.

Y, una vez que lo tengamos, no lo pongamos un lacito y lo guardemos en un cajón, difundámoslo, compartámoslo para que llegue al mayor número de personas, de colectivos, de instituciones, al mundo académico, científico, cultural, político…, que lo miren, lo vean, lo mejoren, lo hagan suyo.

Necesitamos avanzar y sólo daremos respuesta a este reto cuando estas políticas sean compartidas.

Muchas gracias.

Mónica Rodríguez Fuente, secretaria general de la Agrupación Socialista de Centro (Madrid), es ingeniera agrónoma.

Actualizar el legado ideológico

Antonio García Santesmases

Buenos días. Puede que, como decía Andrés Perelló, "la razón se acabe imponiendo"; puede, por el contrario, que, como ha dicho Antonio Ruiz, estemos en una situación en la que "lo viejo no acaba de morir y lo nuevo no acaba de nacer" y, siguiendo la cita de Gramsci, "en medio surgen los monstruos". Yo creo que las dos cosas son posibles.

Pienso que hay una legitimidad de Izquierda Socialista para hablar de algunas de las cuestiones que hoy agitan a la opinión pública. Izquierda Socialista tiene todo un patrimonio ideológico acumulado sobre el tema de la memoria histórica, sobre el tema de la nación, sobre el tema de la laicidad, sobre el tema del republicanismo y sobre el tema del federalismo. Sobre todos estos asuntos existen muchos escritos. Nuestro compañero Pérez Tapias, que nos ha acompañado esta mañana, ha escrito sobre todas estas cuestiones; nuestro fundador Gómez Llorente es el gran teórico del laicismo en España; nuestro compañero Antonio Chazarra ha realizado un gran trabajo en la Fundación Progreso y Cultura; el compañero Manzanares ha impulsado con acierto la revista *Argumentos Socialistas*; la compañera Ana Noguera escribe incansablemente en la web de la Fundación Sistema; el compañero Mario Salvatierra escribió ensayos de extraordinaria agudeza poco antes de fallecer en *Infolibre*. Todo ese patrimonio ideológico está ahí y debe seguir siendo actualizado, forma parte de nuestra historia. Algunos de los que nos han dejado contribuyeron a esa tarea de pensar los retos de la izquierda en esta coyuntura tan compleja.

Yo quiero recordar a dos compañeros que nos ayudaron mucho; al compañero Fernando Morán y al compañero Ignacio Sotelo. Con ellos discutíamos muchísimo, para preparar las reuniones del Comité Federal, sobre qué significaba la unidad alemana tras la caída del comunismo.

Recuerdo debates muy intensos en aquella época sobre todos esos temas. La figura de Morán me ha venido a la cabeza estas últimas semanas por la preocupación que él tenía siempre sobre Marruecos. Si veis su libro *Una política exterior para España*, él reflexionó sobre cuál era el lugar de Marruecos y la política a desarrollar en páginas llenas de interés.

Hay asuntos de gran importancia en los que Ignacio Sotelo insistía mucho. Asuntos como la pervivencia del Estado social y el lugar de Europa en el mundo. Creo que los españoles tenemos pendiente una reflexión sobre Europa. Sabemos que la generación republicana, la generación del 14, la generación de Ortega, de Azaña, de Fernando de los Ríos, es una generación que vive España como problema y Europa como solución.

Pero Europa, a partir de un determinado momento, se ha convertido en una realidad problemática, no solo por el tema del crecimiento de la ultraderecha o el avance de temas que creíamos ya olvidados, como el avance de la intolerancia o del fanatismo, sino también por el lugar que quiere ocupar Europa en el mundo.

Hoy se ha hablado aquí de la "decadencia de Occidente" y enseguida aparecen todos los problemas vinculados al eurocentrismo y a la memoria de colonialismo como decía el compañero Pérez Tapias.

Quisiera recordar a un tercer compañero, a Mario Salvatierra, que vivió en sus propias carnes el problema de los desaparecidos y el problema de los campos, porque él estuvo preso en un campo en Argentina. Él recordaba una experiencia que a mí me impresionó muchísimo. Tardó mucho en volver a Argentina, no quería volver, pero ya cuando se decidió, en el año 2005 o 2006, se fue implicando en la batalla por la memoria, por la reparación y por la justicia. Años después fue convocado para dar cuenta de su testimonio.

En un momento dado durante la sesión, alguien dice que este señor es diputado de un parlamento autonómico en España. Entonces, el juez le dice: "espere usted, por favor". A la salida le llama y le comenta: "pero bueno, vamos a ver, usted es parlamentario del Partido Socialista, me podría explicar cómo es que ustedes están juzgando a los responsables de lo que ocurrió aquí con los desaparecidos y a la vez expulsan de la carrera judicial al juez español que introdujo esto? [Se refería a Garzón]. ¿Qué credibilidad tienen ustedes como democracia?". Yo me acuerdo de la impresión que me produjo la narración de Mario. Estuvimos horas pensando en cómo afectaba esta experiencia al relato oficial acerca de la transición política española como una transición modélica.

Son experiencias del pasado al recordar el patrimonio ideológico que hemos acumulado y la aportación de compañeros fallecidos que están en nuestra memoria. Pero esa memoria debe tener una proyección de cara al futuro. Por tanto, recordando a estos compañeros hay que pensar en qué medida nuestras ideas siguen teniendo vigencia.

Hay experiencias que mueven a la reflexión. Durante muchos años hemos sido partidarios de la unidad de la izquierda, de una izquierda plural y hemos defendido la relevancia de los sindicatos dentro de un proyecto socialista. Pues bien, lo ocurrido en las elecciones en la Comunidad de Madrid en mayo del 2021 debemos reconocer que nos ha dejado noqueados.

No podemos olvidar que el Primero de Mayo de 2021 los dos líderes sindicales, Unai Sordo y Pepe Álvarez, iban acompañados durante la manifestación de los tres candidatos de las fuerzas de izquierda Ángel Gabilondo, Pablo Iglesias y Mónica García, de la vicepresidenta del Gobierno Carmen Calvo y de la vicepresidenta Yolanda Díez, ministra de Trabajo. Esa imagen encarna lo que durante muchos años hemos defendido.

Y, sin embargo, para nuestro dolor, el 4 de mayo se produjo una victoria arrolladora de la derecha con un porcentaje impresionante de participación. Esto es lo que tenemos que pensar.

¿Qué batalla hay que dar para acertar? Estamos ante una batalla cultural de gran calado. Yo no estoy de acuerdo con una cosa que se ha dicho aquí esta mañana, que la derecha desde la época de la Revolución Francesa hasta ahora mantiene lo mismo. No es cierto. Cambia continuamente. Hay una gran diferencia entre los partidos conservadores y los partidos liberales; entre los partidos que aceptaban el neoliberalismo económico y los partidos keynesianos; entre los partidos democratacristianos y las fuerzas ultraderechistas.

¿Cuál es la novedad hoy y cuál es la batalla que hay que dar? Durante años hemos pensado que el Partido Popular integraba dentro de sí a la ultraderecha; estábamos ante una situación donde el Partido Popular vivía con un cierto complejo frente a lo que algunos analistas describían como la superioridad moral de la izquierda.

Todo comenzó a cambiar con Aznar. Aznar dio una batalla cultural como jamás había dado un gobierno socialista. Aznar creó la FAES como gran fundación y empezó a articular una posición internacional secundando a Bush tras la guerra de Irak. Aznar nunca descuidó su preocupación por la historia de España y su reivindicación de la España de la restauración y su crítica a la memoria republicana. Esa plataforma logró aglutinar a historiadores, escritores e intelectuales dispuestos a apoyar sin fisuras a la derecha. Lo hemos visto en las elecciones madrileñas con el apoyo incondicional a Ayuso y el abandono inmisericorde de la candidatura de Ciudadanos que no ha llegado a tener representación en la Asamblea.

Hemos vivido una batalla difícil, una batalla dura, una batalla que en tantas ocasiones analicé con Carlos López Riaño, analista de gran agudeza, también desgraciadamente fallecido. Riaño era gallego y ejercía como tal. Siempre nos preguntábamos si estábamos ante un fenómeno madrileño o si lo ocurrido en mayo se podía extender.

Cuando uno sale de Madrid le recomiendo una experiencia. Yo que soy asturiano de adopción, la hago todos los veranos cada mañana. Compro el *ABC, El Mundo, El Comercio* y *La Nueva España*. Y comparo. No tiene nada que ver. Son mucho más civilizados *El Comercio*, aunque sea del mismo grupo editorial que *ABC*, o *La nueva España*, de *Prensa Ibérica*, que *El Mundo*.

Pero el clima montado en Madrid entre el *ABC, El Mundo, La Razón, 13 TV* y *El Cascabel* ha ido generando una polarización ideológica y emocional y una batalla cultural que va a ir a más.

Por tanto, tenemos una batalla difícil, una batalla que tenemos que dar; para esta batalla contamos con un legado ideológico muy importante que tenemos que actualizar. Son ya cuarenta años y por primera vez hemos contado en nuestras jornadas, nada menos, que con un expresidente de Gobierno que nos acompaña y afirma que en los temas de la memoria, en los temas del internacionalismo o en los temas de la izquierda plural, él coincide, él apoya lo que ha hecho Izquierda Socialista. Y ha llegado a decir: "querido Vicent, tienes aquí un aliado". Estas palabras del compañero Zapatero son el mejor resumen de nuestras jornadas. Muchas gracias.

Antonio García Santesmases, catedrático de Filosofía Moral y Política en la UNED, exdiputado, ha sido portavoz federal de IS-PSOE.

Clausura

Carmen Calvo Poyato

Buenos días. Imagino que hablar en un foro de hombres y mujeres socialistas que compartimos una verdadera pasión por nosotros, por los demás y por la vida no es fácil porque estará casi todo dicho. Empezaré por el principio, que siempre está bien. Primero, agradeciendo enormemente a Izquierda Socialista que os dirigierais a mí para invitarme a vuestro 40 Aniversario como militante de este partido. También quiero trasladaros un saludo absolutamente fraternal de la Ejecutiva Federal y de nuestro secretario general, así me lo ha encargado en este momento tan importante, vuestros 40 años de vida de los casi 150 del Partido Socialista Obrero Español.

Los socialistas españoles, con casi siglo y medio de vida, nos hemos convertido en el esqueleto, en la articulación de la modernización continua y de la democratización constante de nuestro país. No hace falta que diga que nos encontramos en una coyuntura particularmente complicada, no solo por lo que nos ha tocado vivir, sino porque tenemos una derecha reaccionaria y regresiva que nos sorprende ahora que por fin disfrutamos de una democracia madura y consolidada. Soy consciente de todo esto y, por ello, me siento verdaderamente privilegiada por poder dirigirme a vosotros y vosotras. Gracias Manolo de la Rocha.

Me vais a permitir un minuto de introducción sobre la memoria democrática. La memoria democrática es todo, es aquella que abarca la pelea del pueblo español por ser el soberano de su poder, el dueño de su país en la búsqueda de los derechos, de las libertades y de un estado moderno representativo. Y tenemos que seguir trabajando sobre esa concepción. Las derechas llevan más de 200 años buscando la pelea colectiva de los españoles en pos de hacerse los dueños de su país, del poder y de su propia historia. Es tan importante la memoria democrática, que no han tardado ni un solo minuto en declararle la guerra y la negación. No es baladí. Con una derecha, a la que le falta respeto, a la que le cuesta trabajo entender lo que representa la verdadera soberanía de un sistema democrático, sólo faltaría que estuviera de acuerdo en que recuperemos la larga línea de la memoria democrática de este país porque, como decía Azaña, es triste que haya una historia brillante, luminosa de España, que empieza con el constitucionalismo, que muchos liberales españoles continúan desde el exilio y que prosiguen los demócratas, que no se reivindica. Una historia de la que somos parte principal los socialistas. No es casual. Es un talón de Aquiles muy profundo, en el que nos vamos a encontrar nosotros y ellos continuamente.

Y es agraviante que pretendan que vivamos sin memoria. Y es ofensivo que pretendan que la democracia, que el Estado español, no esté en deuda con todas las víctimas, y particularmente con las que todavía no han sido reparadas. Faltaría más que no nos dejasen a los hombres y a las mujeres del socialismo español recuperar a nuestros compañeros que están todavía sin identificar en fosas y que cayeron por defender esta democracia. Esto no es una política más. Es la política que dignifica y le da identidad propia a esta democracia alcanzada por fin en nuestro país con un reguero de sangre, con heroicidad, valentía y sacrificio y, en gran parte, gracias a los socialistas.

Esto va en serio y va tan en serio como en serio la niegan las derechas españolas, cosa que no ha hecho ninguna derecha centrada en el resto de Europa con sus propias heridas y con sus propias restauraciones. Nos jugamos como país, no solo la propia dignidad, también el prestigio en muchos foros internacionales, sin ir más lejos en Naciones Unidas.

Dicho esto, viniendo hacia aquí, recordaba a la escritora María Teresa León, opacada a la sombra de sus compañeros como tantas otras mujeres, cuando dijo que el oficio más antiguo del mundo era rebelarse y que lo moderno e inteligente era saber por qué te rebelas en cada momento. Y esa es la gran función continua del socialismo, de los y las socialistas, de vosotros, de todos y de todas.

No podemos perder la brújula ni un solo instante, nos cueste lo que nos cueste, sin tacticismos ni pragmatismos que nos distraigan de saber qué, cómo y por qué. Ahí los socialistas somos humanistas e imbatibles. Nuestras ideas son ética, política y después estrategia. Y sí, poder democrático para ponerla en práctica, pero empezando por la ética. Por eso hay batallas que cuesta mucho librar, algunas de ellas en solitario y a contracorriente, pero sabiendo que por principios y por ética somos nosotros los que las tenemos que dar. Basta con repasar la historia y ver las veces que nos pusimos al frente de cuestiones muy difíciles, incluso minoritarias, pero ese era nuestro sitio. Era el lugar donde un hombre o una mujer socialista tenían que estar por difícil que fuera. Eso es la política. Esa es la gran política. La que te lleva a las profundidades y te permite timonear el presente.

Nosotros nos levantamos contra el capitalismo, contra un modelo económico que arrastraba a la inmensa mayoría de la gente, contra un modelo esclavista, donde era literalmente imposible combinar la idea de ser ciudadano con ser trabajador. Fuimos el martillo pilón que diseccionó lo que estaba ocurriendo y, aceptando el modelo democrático en el jugaban otras fuerzas políticas con otras ideas que, por supuesto, respetaríamos, acertamos al dibujar una realidad plural y acertamos para construir los últimos dos siglos de la historia, al menos de Europa. Somos la historia de un éxito de lectura continua de la realidad en un país como el nuestro en el que cuesta tanto trabajo mantener las cosas. Si los socialistas vamos a alcanzar los 150 años, y vosotros 40 como corriente dentro del gran PSOE, es porque hemos sido los únicos capaces de ir leyendo correctamente lo que pasaba en nuestro país. Y eso es la política: saber en cada instante cuál es el nuevo elemento que aparece en el horizonte.

Cuando tras el socialismo utópico, surge el socialismo científico para después transformarse en una fuerza motora de la política e incluso del sindicalismo, es porque se abrió paso la ciudadanía moderna. Y tuvimos la grandeza de leer que la ciudadanía moderna tenía que estar conectada con los derechos y con las libertades. Cuando la derecha habla de libertades, lo hace en singular, para que no te llames a engaño, y lo hace desde la libertad de quien está hablando, no de la tuya; de la suya, de la de Ayuso y de la de los suyos, de las élites; pero no habla de la libertad del resto.

Sin embargo, nosotros somos y tenemos que seguir siendo el partido de la igualdad. La igualdad sí se puede declinar en singular porque es una idea radical en el sentido de ir a la profundidad de lo que significa. Significa que nosotros miramos al ser humano, a todos los seres humanos, sabiendo que somos iguales. Es una plantilla de análisis imbatible. Cuando sabes que ni la raza, ni la religión, ni la cultura, ni el sexo hacen a nadie mejor que a nadie, no te equivocas nunca ni en el análisis ni en la respuesta. Y a eso le tiene todavía un extraordinario miedo la derecha del siglo XXI. Por eso hablan de libertad y nosotros tendremos que hablar de igualdad y de libertades en plural. Tenemos que hacer que el debate sea más profundo porque cuando se convierte en un debate de enjundia, la derecha no puede estar con nosotros.

Compañeros y compañeras, vosotros que habéis subido a las tribunas de las instituciones en nombre del partido, sabéis que cuando debatimos de esa manera, no hay forma de ganarnos. La derecha está siempre en la superficie de las élites y del poder económico.

Nosotros nos hemos convertido en un partido verde y en un partido feminista porque tenemos la obligación de dar respuesta a estas dos grandes cuestiones y de hacerlo con los criterios socialistas. Criterios de solidaridad y fundamentos de igualdad continuos. La solidaridad sí tiene que estar en singular porque es una gran obligación de Estado. Es una gran obligación jurídica. Qué débil y qué frágil resulta escuchar hablar de solidaridad a las derechas, siempre situándola en el terreno de lo voluntario, en el terreno sentimental, en el de que eres más bueno cuanto más ayudas.

Sin embargo, para los socialistas, la solidaridad es una obligación que empieza por pagar impuestos y termina por cumplir las leyes. Sí, tendremos que decir a todo el mundo que pagar impuestos no solamente permite que tengamos vida en común, eso que llamamos sociedad y Estado; sino que es una ética que te permite dormir por la noche con la conciencia tranquila porque, gracias a tu trabajo, si lo tienes, y a los impuestos que has pagado, hay una chica con una beca y hay un padre que le ha puesto de cenar esa noche a sus hijos gracias al Ingreso Mínimo Vital.

Esto no va de juegos de política. No va de quedarse en la superficie. Va de bucear a fondo en las cuestiones y por eso, para nosotros es imprescindible distinguir la política del poder. El poder es el instrumento. La política son las ideas, los principios y los límites que no estamos dispuestos a traspasar. La derecha está en el poder.

No hay un solo debate hoy en día en nuestro país que no esté invadido por el insulto, el acoso y el derribo de nuestros cargos, empezando por el presidente del Gobierno, por parte de la derecha, no hay más argumento que el hostigamiento personal. Yo he estado sentada al lado de nuestro secretario general cuando los dos líderes de la derecha le han dicho desde la tribuna del Congreso de los Diputados: "¿tú quién te crees que eres?". Está en el *Diario de Sesiones*. Se lo han dicho al presidente legítimo y legal de nuestro país. Esta es la realidad de la que no podemos zafarnos. No podemos pensar que la política es la respuesta rápida a lo que ocurre en cada instante porque ahí nos arrastra continuamente la derecha.

Y, como decía antes, claro que somos un partido feminista. ¿Qué se puede hacer si eres demócrata y socialista en el siglo XXI? Es que las mujeres somos más de la mitad de la población, somos la mayoría absoluta natural del planeta. ¿A qué demócrata se le va a ocurrir no ser feminista si es un demócrata en serio? ¿A qué democracia, si de verdad lo es, se le va a ocurrir despreciar la historia de injusticia y de discriminación que tenemos detrás las mujeres? Habrá que reponer en este siglo todas

119

las expectativas que tenemos en las agendas de Estado y en la política, ¿no? Imaginaos en una ficción imposible que nos diera a todas por abstenernos, colapsarían todos los sistemas políticos si nos declaráramos abstencionistas del modelo.

Por eso este partido es feminista, porque tiene que restituir con respuestas muy concretas lo que ocurre en el espacio de la desigualdad de los sexos. Y sí, tenemos que ser valientes porque tenemos que recoger muchos descuadres, muchas incomodidades y muchas quejas sobre este modelo de vida de una sociedad desarrollada y rica como la nuestra. No podemos aceptar los criterios con los que funciona el modelo social, la mayoría de ellos provenientes de las tiranías del mercado que van en dirección contraria a los derechos, a las libertades y a la construcción de la solidaridad. Esas quejas tienen que ser nuestras quejas.

Nunca las palabras han significado menos que ahora. Llamamos noticias falsas a la mentira de toda la vida. Hay una falsa complejidad de la que comen muchos, intelectual y económicamente hablando, para confundirnos a todos los demás.

Al final, ser socialista, es que lo injusto te siga molestando continuamente y que lo material te importe lo justo para vivir. No hace falta más, porque eso te coloca donde está la inmensa mayoría de la gente: peleando por un trabajo digno o por un sueldo normal. Hacen falta pocos expertos y pocos análisis para saber por lo que pelea una sociedad. Sin embargo, hay una caterva inventando complejidades para confundir a la gente y para alejarla de las instituciones y de la política. Pero esa gente sigue teniendo quejas y sigue demandando respuestas.

Eso que llamamos hoy día crispación es mala leche continua. ¿Por qué le llamamos crispación? Es una mala leche increíble. Entras en los debates y sientes que el otro te está odiando cuando tú no estás odiando a nadie, ni quieres odiar a nadie, entre otras cosas, porque el otro, por muy lejos que esté de ti, es una persona como tú y tú, como socialista, la vas a respetar por encima de sus ideas.

¿Por qué complicamos tanto las cosas cuando, a veces, son bastante más simples, tanto en la vida como en la política? Hay muchas turbulencias, mucha falsa confusión. Pues bien, hagamos lo que decía María Teresa León, rebelémonos. Pero seamos inteligentes para saber por qué y qué batallas hay que dar, aunque sea en solitario y a contracorriente, porque lo fácil es pan para hoy y hambre para mañana.

La política en el tiempo corto no sirve para nada, y mucho menos en nuestro país, que de hecho es uno de sus males endémicos. Por eso hacemos tanta falta como militantes en nuestra organización. Por eso hacéis tanta falta vosotros dentro del partido, porque las derechas saben muy bien destruir el grupo, destruir la comunidad y los valores que la aglutinan. Sin embargo, nosotros somos socialistas porque creemos en la dimensión colectiva de nuestras vidas, porque sabemos que la vida no es solo cumplir tus fines individuales, eso se llama egoísmo y el egoísmo rompe el grupo porque te dice que tú no formas parte de él y que vayas a lo tuyo. Por eso es tan fácil vender identidades de todo tipo. Por eso es muy fácil que el independentismo deteriore a Cataluña constantemente.

Hombres y mujeres de nuestra organización a lo largo de tantos años han destilado pensamiento, un pensamiento que sigue vigente. Solo hay que volverlos a leer para que se hagan realidad nuestros principios. Somos la tradición y la modernidad. Somos lo que había y lo que va a haber, porque somos una clase de humanismo que no tiene contestación.

Yo lo he dicho en muchas ocasiones, las derechas llevan sin programa electoral desde la Revolución Francesa hasta ahora. Todo su proyecto electoral es combatirnos personalmente, apuntarse a aceptar los avances que nosotros vamos logrando, cuando ya no les queda más remedio, e inventar un debate inexistente que a la gente del siglo XXI no le importa.

Hay una idea, profundamente socialista, que es que la democracia tiene que ser estado de bienestar sí o sí. O también, que la democracia no puede ser un simple método para alcanzar el poder, eso ya lo hacen ellos. Que la democracia es un extraordinario compromiso por el cual el Estado asume la solidaridad obligatoria para timonear el grupo que se llama sociedad.

Todo esto lo envuelven de una falsa complejidad para que nos confundamos un poco y nos liemos bastante. Y todo acaba en la pregunta de por qué y el por qué siempre es el dinero. El dinero que gana un alguien o muchos "álguienes", que a veces ni siquiera podemos identificar, contra los valores que construyen una sociedad que tiene que salir adelante junta. Y ahí es donde tenemos que bucear y decirle a la gente con claridad que esos valores necesarios, compromiso, igualdad, solidaridad, son prosa socialista.

Y esto hay que aplicarlo, obviamente, al internacionalismo, y ahí hemos flaqueado en las últimas décadas. ¿Para qué decir estas cosas solo para ti, solo para tu país, solo para tu patria? Estamos expectantes ante lo que va a ocurrir en Alemania, ¿no? Y es una magnífica noticias de Anne Hidalgo se presente a la presidencia de la República Francesa.

La mejor respuesta que se dio a la aparición del estado moderno y a la aparición de las declaraciones de derechos y libertades es la interpretación socialista de las mismas, porque la mejor interpretación del modelo constitucional que tenemos afortunadamente, al menos en Europa y en nuestro país, es interpretar la democracia como sinónimo de estado de bienestar.

Ya veis, el socialismo avanzando, construyendo; y detrás los demás aceptando cuando no les queda otra. Esto hemos de tenerlo claro porque es lo que nos llena de energía, nos nutre y nos da algo muy importante para pertenecer a una organización: el sentido histórico y colectivo. Saber que otros compañeros y compañeras lo tuvieron tan difícil que les costó la vida. A nosotros nos está costando algunas noches de insomnio, nada más. Saber que esto es una línea imparable de desarrollo de la propia humanidad es una responsabilidad inmensa.

Tenemos una derecha, Vox, que está revitalizando el franquismo, mientras el PP la está blanqueando como no está ocurriendo en ningún otro lugar de Europa. Y tenemos un Partido Popular que no puede generar más distorsiones y deslealtades para tapar su corrupción. Una corrupción que se ha convertido en un problema gigantesco con el que no saben qué hacer, hasta el punto de que Casado dice todos los días que él no estaba allí y que no tiene nada que ver con nada de lo que ocurra. Una gran declaración para un gran líder. Mientras tanto, este país se levanta cada día con algún caso de corrupción de esa derecha que ha gobernado y que aún gobierna en muchos sitios. Esa derecha que se permite el lujo de incumplir las normas, incluso la Constitución, rayando el delito para un cargo público. Los cargos públicos no pueden tomar decisiones a sabiendas de que están incumpliendo la ley. Y los cargos públicos no son solo los funcionarios y las funcionarias. Son también los cargos públicos de representación, somos también los cargos políticos para los que el Código Penal especifica algunos delitos porque manejamos y representamos el poder que nos entregan los compatriotas con confianza y con dignidad. Tenemos una gran responsabilidad.

Yo no puedo estar más orgullosa de los socialistas con carnet, con responsabilidades o no en el partido. Compañeros y compañeras que están siempre ahí pero que nunca piden nada. Generación tras generación, sustentando el cemento de este partido. Entre todos tenemos la obligación de no entregar este país a estas derechas. No va a haber un día, una hora ni un minuto en el que no estemos trabajando todos y todas, a cada uno donde le toque, para evitarlo. El Partido Popular está absolutamente descentrado y Vox supone la vuelta del franquismo. No lo olvidemos.

Me decía anteanoche una gran actriz de este país, una grande: "Carmen, cuando oigo a estos líderes, tengo edad suficiente para saber que eso es el franquismo, exactamente igual". Eso es lo que llevamos todos a nuestras espaldas. Por eso, esto no solo va de presente, de contingencia rápida, de respuesta pragmática, va de un vuelco de valores donde las derechas intentan destrozar un país que tiene una democracia consolidada pero con poco más de 40 años.

No se lo podemos permitir. Hay que unir fuerzas, inteligencia, creatividad, opinión crítica y valentía. Hay que ser valientes porque, si la gente no tiene una verdad que llevarse a la boca, se lleva cualquier barbaridad. Lo digo yo que, aunque soy andaluza, cordobesa, ahora vivo en Madrid y soy mucho más libre desde que Ayuso me lo dijo.

Tenemos que construir poniendo en pie nuevas ideas. Y el feminismo no es solo la reparación histórica de las desigualdades entre los sexos. El feminismo es la obligación que tenemos las mujeres de aportar a la política. Las mujeres no hemos venido a este baile a bailar la música con la letra que nos pongan. Las mujeres hemos venido a participar en política y a ejercer el poder. Hemos venido a innovar y a cambiar lo que consideremos oportuno. Nuestra experiencia histórica y vital es, en muchas ocasiones, diferente a la de los varones. Llevamos siglos escuchando a los hombres, que son quienes han detentado el monopolio en todos los poderes, y si no escuchamos a las mujeres, estaremos despilfarrando una gran riqueza y la gran oportunidad de transformar contenidos, agendas y métodos.

No podemos entregar a las derechas la política como si fuera una guerra, la gente no quiere eso. La gente quiere pensar que cabemos todos y que somos capaces de debatir y de negociar, porque negociar no es un síntoma de debilidad, sino de grandeza. Solo es grande el que da, quien solo recibe es pequeño.

Vamos a salir a la calle y vamos a tener que convencer a muchos chicos y chicas jóvenes de que lo más moderno, lo más profundamente transformador y lo más bondadoso que puedes hacer en tu vida es hacerte socialista: con 15, con 17, con 20 años. Porque nosotros tenemos material para decir esto, otros no. No podemos dejar que los jóvenes de nuestro país piensen que la política no importa, que no tiene nada que ver con los valores que ellos defienden y anhelan. Es una gran tarea en la que tenemos que estar todos, y tenéis que estar vosotros con vuestros veteranos 40 años. Y sí, en un partido de libertades donde discrepamos, claro que sí. Ahora bien, al final de esos disentimientos, solo nos puede guiar una cosa: que somos unas 200.000 personas, hombres y mujeres, herederas de un legado emocionante, de una auténtica pasión por este país, que nos debemos a nuestra historia y que vamos todas en el mismo barco. No hay nada más cálido en las emociones personales y políticas de un socialista que encontrarte a un compañero, a una compañera.

Muchas gracias, gracias.

Carmen Calvo es secretaria de Igualdad de la Comisión Ejecutiva Federal del PSOE, en cuyo nombre y en el del secretario general Pedro Sánchez intervino en las Jornadas. Ha sido vicepresidenta del Gobierno de España.

Saludos fraternales

Pepe Álvarez Suárez

Secretario general de UGT.

Buenas tardes, compañeros y compañeras.

En primer lugar os quiero agradecer que hayáis escogido la sede de la Casa del Pueblo de la UGT, la sede de Madrid, este salón de actos, para hacer vuestra celebración del 40 aniversario.

Este salón que tantas reuniones ha tenido, tanto internas como de organizaciones que nos lo han solicitado. Organizaciones siempre del ámbito de la izquierda. Pero este salón difícilmente acoge un acto tan querido, tan estimado para el sindicato como es el 40 aniversario de la corriente Izquierda Socialista.

Por muchas razones. En primer lugar, porque cuando muchas luces en el Partido Socialista se apagaban, la luz de Izquierda Socialista, como ha dicho Manolo de la Rocha, estaba encendida.

Y quiero recordar aquellos momentos difíciles que vivió la dirección del sindicato bajo la Secretaría General de Nicolás Redondo. Cuando parecía que el mundo se acababa, el Partido Socialista estaba, pero sobre todo estaba Izquierda Socialista. Y yo os quiero agradecer esa constante permanente de apoyo a las reivindicaciones de las organizaciones sindicales, especialmente a las de UGT.

El tiempo, por desgracia, os ha dado la razón, nos ha dado la razón. El tiempo ha demostrado hasta qué punto la construcción que se estaba haciendo, que se está haciendo del mundo, es una construcción de desigualdades, que aleja al poder de decisión de los ciudadanos y de las ciudadanas en manos del capital. Es una construcción que genera injusticias aquí y allá. Porque el Tercer Mundo está en el primer mundo y el primer mundo está en el tercer mundo y eso no lo podemos obviar.

Creo sinceramente que tenemos una gran oportunidad. La pandemia ha demostrado hasta qué punto esta construcción es una construcción débil, una construcción frágil, una construcción que no piensa en las personas.

Cuando cantaban las ventajas de la globalización, y que lo importante era producir, independientemente de qué lugar del mundo, nadie pensaba que un día nos encontraríamos con que teníamos que ir a comprar un frasco de alcohol y no había porque en nuestro país no existía ninguna fábrica que produjera alcohol.

Esa es la realidad que hoy vivimos, y frente a eso, hay que alzar un muro que defienda a las personas, por arriba, de los mercados; que defienda a las personas, por arriba, de los intereses de unos pocos. Y esa es la gran labor que tiene que hacer la izquierda, que tiene que hacer, desde nuestro punto de vista, el socialismo, que tenemos que hacer las organizaciones sindicales. Y a eso vamos a dedicar una buena parte de los esfuerzos en los próximos años porque hay una corriente que lo exige. Porque hoy ya nadie se atrevería a decir que bajar impuestos es de izquierdas o de derechas, que es igual. Hoy nadie se atrevería a decirlo. Porque hoy nadie se atreve a decir que los impuestos no son el instrumento fundamental del reparto de la riqueza.

Y eso, ese espacio que hemos ganado, que ha ganado la sociedad, que ha ganado la inmensa mayoría de los ciudadanos y de las ciudadanas, compañeros y compañeras, es una gran oportunidad que se nos abre a las organizaciones sindicales, desde luego. Pero creo que también a la izquierda en general, creo que al Partido Socialista, creo que a Izquierda Socialista para poder construir un mundo diferente, un mundo que esté pensado en las personas.

Hoy ya nadie duda de que el medio ambiente es un elemento clave de futuro. No se puede construir el mundo sin pensar en el medio ambiente. Sin medio ambiente, no hay empleo. Por eso es importante que seamos capaces de dedicar esfuerzos, que centremos nuestro trabajo en pensar en el medio ambiente, en pensar en el bienestar. Sin medio ambiente, no es posible el bienestar de los ciudadanos y de las ciudadanas.

Hay que consolidar esos espacios, que hablaba Manolo de la Rocha, de libertad, que se han ido ganando en los últimos años, que aunque pensamos que son definitivos, no hay nada definitivo, hay que trabajarlo cada día. Los derechos de la mujer y el feminismo; los derechos de las personas que quieren estar con quien quieren. Los derechos del colectivo LGTBI y que hemos visto que por una denuncia falsa, se ha levantado toda la derecha y la ultraderecha, a ver si son capaces de hundir una realidad que ocurre en este país: que las mujeres son maltratadas y que hay persecución hacia las personas LGTBI. Esas son cuestiones que hoy están ahí.

Y como tengo poco tiempo, no quiero dejar de hablar de mí libro. Del libro de los trabajadores y las trabajadoras de este país. Las reformas laborales que se hicieron como consecuencia de la crisis de 2008 han arruinado sus derechos, casi podríamos decir que han acabado con el Derecho del Trabajo. Y están intactos, bueno, hemos conseguido algo como el artículo 315.3, el del derecho de huelga. Pero de lo demás llevamos hablando meses, años, y no hemos avanzado.

Es verdad que la pandemia ha sido un lastre para poder abordar estas cuestiones, pero tenemos que avanzar, tenemos que, definitivamente, no solo derogar y enterrar los cambios que se produjeron a consecuencia de la crisis, incluidas las modificaciones constitucionales que priman el pago de la deuda sobre los derechos de los ciudadanos y las ciudadanas, sino que tenemos que construir un nuevo sistema de relaciones laborales que permita que las personas puedan trabajar y vivir con dignidad.

Hay algunas batallas inmediatas, y el Gobierno debe saber que el tiempo se agota. El Gobierno debe saber que para las organizaciones sindicales ya estamos fuera de tiempo. En ese sentido, yo también os quiero pedir solidaridad, apoyo, trabajo con las organizaciones sindicales porque los próximos tiempos no van a ser fáciles. Vosotros sabéis que al movimiento obrero, a los trabajadores y trabajadoras de este país, jamás se nos ha regalado nada. Ahora tampoco nos lo van a regalar, porque aunque el Gobierno quiera, hay contrapoderes, y nosotros tenemos que hacer de contrapoder, justamente para poder equilibrarlo. Y en ese sentido, somos plenamente conscientes de que vamos a tener que luchar para ganarlo.

Sois plenamente conscientes de que el Congreso del PSOE que se celebrará en el mes de octubre es muy importante. El país va a estar mirando al Partido Socialista. La clase trabajadora, las personas que menos tienen, van a estar mirando al Partido Socialista y todos esperamos que, finalmente, podamos iniciar un proceso de recuperación de derechos y de consolidación de otros derechos que nos lleve a cuotas más importantes de bienestar y felicidad.

Muchísimas gracias por estar aquí y adelante compañeros y compañeras.

Nicolás Redondo Urbieta

Exsecretario general de UGT.

Estimados compañeros: quiero sumarme al éxito de vuestras jornadas y recordar el apoyo que siempre he recibido de Izquierda Socialista en las batallas desarrolladas por la UGT. Como ya he dicho en varias ocasiones sobre Izquierda Socialista tengo especial interés en remarcar su sensibilidad social, su coherencia ideológica y con ella la defensa de un socialismo reformista, como instrumento de transformación social. Nunca nos faltó su apoyo, su aportación política, aun sabiendo que esa colaboración les enajenaría la buena voluntad del Gobierno. En situaciones de distanciamiento, cuando no de enfrentamiento Gobierno-sindicatos, siempre pudimos contar, no sólo con su comprensión, sino con su compromiso en defensa de la política económica y social de izquierdas.

Josep Borrell Fontelles

Alto representante de la Unión para Asuntos Exteriores y Política de Seguridad y vicepresidente de la Comisión Europea.

Gracias por invitarme a participar en este acto que conmemora los 40 años de la fundación de la corriente Izquierda Socialista. Es un acto de recuerdo, pero ciertamente, no de nostalgia, como algo que fue o dejó de ser. Izquierda Socialista representó, y debe seguir representando, esa corriente dentro del pensamiento socialista que equilibra el espectro de un partido que tiene vocación de ser mayoritario y por tanto cubrir amplias capas de la opinión y de la población. En Izquierda Socialista yo he tenido los mejores amigos dentro del Partido Socialista.

Recuerdo muy bien aquellos comités federales con las intervenciones de Antonio García Santesmases, de Barrio de Penagos, de Manuel de la Rocha, de Andrés Perelló y otros, con los que he compartido muchas horas de discusión y debate.

Debo agradecer el apoyo que me prestaron en las famosas primeras primarias del PSOE. Sin ese apoyo, seguramente, no las habría podido ganar. Quise representar, entonces como ahora, esa dimensión de un socialismo que hace contrapeso a los que creen solamente en el mercado. Estamos viendo ahora como algunos mercados, por ejemplo el de la electricidad, tienen serias dificultades para reflejar bien lo que es la contraposición entre una izquierda y una demanda.

Por eso espero que este acto no sea solamente un recuerdo de lo que fue hace 40 años, y de la aportación leal al Partido Socialista que han hecho los compañeros de Izquierda Socialista. Espero que sea también un punto de arranque nuevo para mantener viva una tradición de izquierdas dentro de la corriente socialdemócrata europea. Bien necesitados estamos de ello. Una serie de estudios demuestran que los gobiernos socialdemócratas reaccionan con políticas de austeridad más duras que los gobiernos de centro-derecha. Que frente a la crisis, la reacción del poder económico fue mucho más restrictiva con gobiernos de izquierdas. Al menos eso dicen los estudios analizando el caso de varios países.

Es muy importante que haya dentro del Partido Socialista una corriente situada claramente en la izquierda. Algunos piensan que eso debilita a los partidos políticos y que no debería haber corrientes. En cambio, creo que ahora es más necesario que nunca el debate interno; y para poder llevar a cabo ese debate, hacen falta dentro del partido, organizaciones, estructuras y compromisos como los que Izquierda Socialista ha representado a lo largo de sus 40 años de historia.

Gracias por invitarme, de nuevo, a estar con vosotros. Estoy con vosotros.

José Antonio Pérez Tapias

Exportavoz federal de Izquierda Socialista y decano de la Facultad de Filosofía y Letras de la Universidad de Granada.

En primer lugar, quiero agradeceros profundamente, especialmente a quienes habéis organizado este 40 aniversario, la invitación que me habéis hecho a participar aquí, no solo por haber sido el candidato de la corriente a aquellas elecciones primarias de 2014 en las que personalmente me impliqué a fondo. Trabajamos en equipo y además de una forma admirable que puedo recordar muy bien, como había dicho José Luis Zapatero, porque desplegamos todas y todos una gran generosidad en aquel momento.

Os agradezco mucho esta invitación para compartir este acto, esta conmemoración. Remitiéndome de nuevo a la palabra de

José Luis, ha sido un lujo poder escuchar su intervención. Hablaba de la Revolución Francesa. Bueno, pues en ese contexto, recordando libertad, igualdad y fraternidades, deciros que este es un acto de profunda fraternidad socialista y republicana. Por lo tanto, mi agradecimiento no puede ser más hondo y más sincero, por veros a vosotras, a vosotros, y por tantos recuerdos. También recuerdo a tantas personas, compañeros y compañeras que ya no están con nosotros. Me viene a la cabeza Koldo, nuestro compañero de Euskadi o Mario Salvatierra, que estaría interviniendo y el moderador debía estar diciendo que fuera un poquito más breve.

Ayer no pude venir por mis obligaciones académicas. Seguro que hubo muchas alusiones a todo lo que se concentra en el 11 de septiembre, el atentado de las Torres Gemelas, que fue un hito importantísimo en los comienzos del siglo XXI; pero también hubo otro 11 de septiembre, otro atentado terrorista y fue el atentado del golpe de Pinochet al Gobierno de Salvador Allende. Por lo tanto, ahí tenemos también ese ejercicio de memoria en términos internacionalista, lo que significó Allende y sigue significando su propuesta de revolución democrática para hacer socialismo en América Latina y que siempre fue, y sigue siendo, una referencia para nosotros.

Habría muchas cosas que decir en estas breves palabras de salutación, pero como llevo todo el verano encerrado, trabajando sobre verdad, posverdad, la crítica de cinismo político, etc., traía unas palabras de Sócrates y sí, dichas en el siglo V antes de Cristo, bueno, pues parece que las decía Izquierda Socialista. Sócrates le decía al joven Cármides: "debes ir a las asambleas de la polis, dar tu buen parecer, apoyar lo justo y protestar cuando veas que se equivocan".

Magnífico. Hay que tomar la palabra y decir la verdad en este tiempo de posverdad, en este tiempo de esta mentira organizada a la que se le saca tanto rendimiento. Tantas veces se cita a Orwell en aquello de que "en tiempos del engaño universal, decir la verdad es revolucionario". O podemos citar a Hanna Arendt, con todo el afecto y devoción que le tenía a Maquiavelo, en este caso contrariando a su capítulo de *El príncipe*. En aquellos años 30, en tiempos de la sociedad de masas, explicaba que decir la verdad es una necesidad política. También Zapatero ha hecho referencia a la verdad porque las mentiras tienen las patas cortas y en política más cortas todavía.

Entonces, una corriente de opinión debe opinar hacia dentro y hacia fuera. Construir opinión pública desde el partido y conformar la opinión pública en el partido, porque se hacen cosas con palabras. Si el discurso es consistente, si el discurso lo respalda la coherencia, la consistencia, si al discurso lo respalda la praxis, entonces se convierte en un discurso para la praxis. Me parece que es una cuestión interesante en un 40 aniversario de una corriente de opinión como Izquierda Socialista.

Bien es verdad que luego la política, si necesita palabras, pues convoca a la acción y en este caso, pues no puede faltar la acción. Izquierda Socialista tiene su derecho a la acción dentro y fuera del partido y desde el partido, y así lo hemos vivido muchos. Y así lo vivís, porque también hay que salir del síndrome de Moisés, como yo lo llamo. ¿Qué le pasó a Moisés? Pues que fue anticipatorio y condujo al pueblo a la tierra prometida, pero se quedó fuera. No pudo entrar. En una corriente de opinión, como la opinión en política tiene que ir con la acción y para la acción, pues tiene que salir del síndrome de Moisés y así plantearlo. Hay que seguir debatiendo muchas cuestiones.

Se nos acaba de hablar de Europa. Es verdad que ha habido estos últimos días un ejercicio donde el alma de Europa parece que ha salido a flote con el rescate de los refugiados y refugiadas afganos, que España ha realizado de una manera admirable. Pero Europa está no solo muy descolocada en el mundo, sino en una situación en la que se nos manifiesta muy desalmada, sin alma.

¿Por qué hemos traído refugiados? La irresponsabilidad política con la que se ha actuado en Afganistán, que es el reverso del imperialismo con el que actuó en su día, nos deja una situación lamentable. A todos, no solo a los afganos y afganas. ¿Pero qué pasa con Europa que ahora no quiere refugiados y refugiadas?

Y están ahí, mareando la perdiz para externalizar los servicios de deportación, o que se queden en Irán o en Pakistán, que ya tiene millones de refugiados afganos. Como hay que perseguir la justicia, y no solo la justicia social, también la justicia económica, incluso la justicia para nuestro precariado, para las desigualdades internas, pasan por la justicia, en este caso hacia los migrantes.

Recuerdo un filósofo francés que habla de la "parte aparte". ¿Cuál era la "parte aparte" cuando nació el movimiento socialista, cuando nacieron el PSOE, la UGT, la casa obrera, el proletariado? Hubo que abrirle camino y tuvo que luchar para conquistar su espacio en democracias que quisieran ser verdaderas democracias, como decía Marx, en democracias que fueran sociales, que fueran inclusivas. Ha costado mucho esfuerzo no consumado.

¿Cuál es la "parte aparte" de hoy? Los migrantes, nuestros inmigrantes, los que están aquí en primera generación; que cuando están en segunda, en tercera, ya no son inmigrantes, ya son "los que están", pero que pueden seguir viéndose excluidos. Ahí está el principal compromiso y la prueba del proyecto europeo y del proyecto socialista, ¿qué hacemos con los inmigrantes?

Y tenemos otras muchas pruebas. Se habla de memoria histórica, pero una memoria histórica que tiene que ver, por supuesto, con la memoria de las víctimas. En el caso de España, con la memoria de la Segunda República como tal. No solo las víctimas de la Guerra Civil y la dictadura, sino rehabilitar la República. Aún no lo hemos conseguido, porque además hay que ganar republicanismo, generar conciencia republicana, si no, si hay un referéndum no lo ganamos. Cultivar esa conciencia republicana, que es un concepto de democracia participativa, un concepto de ciudadanía que va más allá de la tradición liberal, indispensable, pero incompleta, de ciudadanos que quieren ejercer su voz y su voto; su voto y su voz, y su acción.

Hay que seguir fomentando una conciencia de laicidad, que no es antirreligiosa. Pero que pone también a las religiones en su sitio y que supone la laicidad respecto a los mismos conceptos políticos. Un concepto laico de nación, un concepto laico de soberanía. En fin, todo eso es lo que exige toda una tarea continua, de crítica, de formación, de debate.

Hay que seguir trabajando la pluralidad de la izquierda, como se acaba de decir, cuestión en la que es verdad que Izquierda Socialista se anticipó pensando que eran necesarios pactos por la izquierda y no solo por motivos tácticos, sino por motivos estratégicos para nuestra acción política de las izquierda. Un debate que hoy tiene que tejer también la pluralidad en el mismo campo feminista con unos enfrentamientos donde aparecen unos comportamientos, unas degradaciones sectarias que no nos llevan a ninguna parte.

Hay que seguir trabajando todo eso. Hay que seguir trabajando todas esas relaciones que aquí se han mencionado porque el contexto nos ha cambiado profundamente. Lo que ha ocurrido en Afganistán, al cabo de 20 años de aquel 11 de septiembre de 2001, significa que Occidente ha perdido la hegemonía. O sea, que el multilateralismo ya no es una opción que podemos tomar porque resulte más o menos ventajosa. Si no somos conscientes de ello, y eso para la izquierda tiene unas tremendas consecuencias que hay que aquilatar, estamos perdidos en nuestra acción política. En ese marco va el debate de la OTAN, la reubicación de Europa, qué hacemos en nuestras relaciones. Suscribo totalmente las palabras de Vicent Garcés que ha mencionado antes respecto a Latinoamérica, porque es también un ejercicio de memoria anticolonialista sobre qué hacer respecto a las realidades, las repúblicas americanas y su memoria. Hay muchísimas tareas.

Por último. Saliendo de pandemia con el logro magnífico del nivel de vacunación que nos permite estar como estamos, con cierta tranquilidad aunque con todas las cautelas, pues no olvidemos lo aprendido, porque la memoria es muy frágil, compañeras y compañeros. ¿Qué hemos aprendido?, ¿qué debemos conservar? La conciencia de la vulnerabilidad, que nos debe llevar a revalorizar lo público: sanidad pública, enseñanza pública, servicios públicos atacados por la derecha que sigue siendo neoliberal. Es más fácil pensar en el final de la pandemia que en el final del capitalismo. Pero esa vulnerabilidad, ¿a qué nos lleva también? Pues a valorar lo que tenemos en común, lo común, empezando por nuestra propia condición. Aquella que nos hace iguales y que desde la igualdad nos lleva a exigir la libertad que nos dignifica. Y ese es nuestro objetivo de justicia.

Pues nada más, compañeros y compañeras, son mis palabras de agradecimiento, de estímulo. Y que este acto, esta conmemoración, no es cuidar las brasas, sino avivar la llama.

Muchísimas gracias.

Guillermo León Cáceres

Doctor en Historia, autor de Peleando a la contra. Una historia de Izquierda Socialista, 1976-1997.

En primer lugar, agradezco a la organización que me haya permitido dirigirme a ustedes unos minutos.

En segundo lugar, felicitar a la corriente por sus 40 años. La verdad es que voy a parafrasear un poco a Umbral porque he venido a hablar de mi libro, que es una monografía, fruto de una tesis doctoral, sobre lo que es la corriente Izquierda Socialista durante el llamado "Ciclo de Suresnes", desde la llegada de Felipe González a la Secretaría General, hasta su abandono en 1997.

Lo que he intentado es recoger las líneas de fractura, dentro de la propia organización, a la hora de analizar e interpretar el recorrido de la corriente dentro de un grupo más amplio y un partido con mucho peso y muchísima importancia dentro de los juegos políticos nacionales.

El libro versa, en primer lugar, sobre lo que son los orígenes de la corriente. Cómo surge aquella corriente, cómo son las fuentes de las que se alimenta desde un punto de vista de militancia y cómo es masacrada, sobre todo en el Congreso del 1979. Hago un relato histórico a partir de los años 80 sobre cómo se acaba constituyendo en corriente y acerca del debate sobre el marxismo.

Pero habrá una segunda línea de fractura dentro del partido durante el debate de la OTAN, que supone para el propio PSOE autolimitarse desde un punto de vista de formular estrategias políticas a medio y largo plazo, de la política de defensa tanto nacional como internacional.

Asimismo, hablo de la evolución hacia el social liberalismo del propio Gobierno socialista, no tanto del partido o no tanto de algunos sectores del partido, como si del Gobierno socialista. Una deriva que culmina en la famosa huelga del 14-D y con la destrucción del modelo pablista. Es decir, del modelo del carro con dos ruedas: a un lado, el partido; al otro lado, el sindicato.

Ese modelo se destruye con aquella huelga y con los siguientes enfrentamientos, también con Comisiones Obreras a lo largo de la década de los años 90. Realmente, el epílogo de la tesis es de lo que habló Josep Borrell hace un momento: aquellas primarias aquellas de 1998.

La última parte del trabajo está centrada en la batalla tanto orgánica como política e ideológica que se vivió entre renovadores y guerristas y las posiciones de Izquierda Socialista.

Es un estudio historiográfico, por tanto, es un estudio que también pone el acento en los errores de la corriente, en las oportunidades perdidas por la corriente, en, quizás, su incapacidad en ocasiones para aglutinar un ala izquierda dentro del partido.

Les invito a leerlo y, sobre todo, como historiador, pienso que la historia es necesario conocerla, asimilarla, interpretarla y proyectarse hacia el presente y el futuro.

Muchas gracias.

Miquel Iceta i Llorens

Primer secretario del PSC y ministro de Cultura y Deporte.

Queridos compañeros y compañeras, quiero agradeceros que me hayáis invitado a compartir con vosotros, en esta forma breve y telemática, la celebración del 40 aniversario de Izquierda Socialista. He conocido a grandes compañeros y compañeras que han formado parte de esta corriente, que forman parte de ella. Citaré solo a dos o tres. Ha sido un honor haber conocido y trabajado con Antonio García Santesmases o Manuel de la Rocha, pues han sido un factor enriquecedor.

Enriquecedor como es, y debe ser, el papel de Izquierda Socialista en el conjunto del Partido Socialista Obrero Español. Necesitamos más pensamiento, más reflexión. A veces, también más profundidad, más vista larga y también conocimiento de la historia y respeto a las raíces. Todas esas cosas son Izquierda Socialista, y por tanto, por encima de algunos avatares, de algunos momentos de avance, de retroceso, momentos de satisfacción y euforia y otros de repliegue, quiero felicitaros por vuestra trayectoria.

Quiero felicitaros por contribuir a la diversidad, a la pluralidad en el seno del Partido Socialista. Y os animo a seguir trabajando en esa dirección para acertar entre todos el mejor proyecto posible para hacer una España, no sólo en paz y libertad, sino también en progreso, solidaridad, en justicia social. Ese es el papel de Izquierda Socialista y espero que siga jugándolo por muchos años más.

Juan Espadas Cejas

Secretario general del PSOE de Andalucía y alcalde de Sevilla.

Quiero enviaros un mensaje de fuerza y de ánimo como secretario general de los socialistas andaluces. Compañeros de Izquierda Socialista, siento no poder estar con vosotros en esta asamblea ilusionante, de reflexión, de propuesta, en un momento en que los socialistas en España tenemos el Gobierno y la responsabilidad de sacar a nuestro país de esta crisis sanitaria consiguiendo también recuperar la capacidad de desarrollo económico pero, sobre todo, de desarrollo social y de avances en todas y cada una de las cuestiones. En estos tiempos nos la jugamos, entre los retos de país y entre los retos, también, de escala planetaria.

Sin duda, es la época en que la izquierda es igual a progreso. Es el momento en que la izquierda es la única capaz de parar el radicalismo de la extrema derecha y el retroceso que se plantea desde algunas voces que escuchamos cada día, desgraciadamente también, en el Parlamento Nacional. Por tanto, creo que hay suficiente materia y contenido, además de ser la ocasión para el compromiso militante.

Con mi agradecimiento, porque la participación e implicación de los compañeros de Izquierda Socialista en Andalucía ha hecho del debate y del proceso de primarias, recientemente celebrado en nuestra comunidad, algo muy especial, algo en lo que hemos podido sentir el trabajo conjunto. Merece la pena que esta asamblea, vuestra asamblea, y que los congresos que estamos celebrando el Partido Socialista en todo el territorio, sean periodos de reflexión conjunta, de trabajo compartido. El momento de hacer equipo y generar ilusión y confianza en la ciudadanía.

Así que un fuerte abrazo y que podamos volver a vernos pronto.

Gonzalo Caballero Míguez

Secretario general del Partido Socialista de Galicia.

Bos días, buenos días, compañeras y compañeros. Como secretario xeral dos socialistas galegos, é un pracer poder participar neste acto de conmemoración de celebración do socialismo.

La verdad es que como socialista gallego y como secretario general del PSdeG del PSOE es un placer poder compartir con vosotros un aniversario y una celebración de 40 años de Izquierda Socialista. Y lo quiero decir con la visión de un militante que lleva en este partido muchos años, y que con el voto de las bases es el secretario general de una federación de una parte del partido en España del PSdeG.

Yo he sido un militante de base durante más de 20 años. Hasta que fui secretario general nunca había estado en la Ejecutiva del partido, en ningún órgano ejecutivo del partido.

Y la verdad es que cuando veo a Izquierda Socialista sé que Izquierda Socialista representa mucho socialismo y buen socialismo. Ese socialismo hecho desde la libertad, desde el debate, desde el compromiso. Creo que Izquierda Socialista representa también tres grandes ideas, tres grandes valores que son fundamentales para el conjunto del partido.

[Veo que viene por aquí nuestra querida Carmen Calvo, a quien desde luego le damos un aplauso de bienvenida y todo nuestro cariño.]

Decía que hablar de Izquierda Socialista es, como decía el presidente Zapatero, hablar de internacionalismo y de defensa de los valores. Cuando pienso en Izquierda Socialista pienso en tres grandes asuntos: Izquierda Socialista es la defensa de la izquierda; es la defensa del debate; y es la defensa del partido.

Y es necesaria una reflexión siempre profunda desde la izquierda para poner en valor la importancia de los valores de izquierda, la importancia de un partido vivo y la importancia de mantener el debate de ideas y la dialéctica siempre en forma dentro de nuestra organización.

Porque los gobiernos pasan, pero la izquierda permanece; porque los gobiernos pasan, pero el partido permanece; porque los gobiernos pasan, pero el debate de ideas tiene que permanecer y tiene que fortalecerse. Y es justamente con un partido que mantiene esas identidades claras de un partido fuerte, con debate, y con la izquierda, como más podemos fortalecer a nuestros gobiernos y también a este Gobierno.

Y es por eso que en un mundo con una sociedad volátil, líquida, cambiante, necesitamos más allá del debate de la inmediatez de los periódicos, poner ideas, valores, reflexión que nos conecten con las fuerzas de cambio y con las fuerzas tractoras de la sociedad para el presente y para poder ganar el futuro.

Cuando hacemos balance de 40 años, de más de 40 años de Izquierda Socialista en 142 años de historia del Partido Socialista Obrero Español, tenemos que poner esa llama de defensa de la izquierda, porque es el valor que nos une, porque es la referencia de defensa de la igualdad de oportunidades en una sociedad cada vez más desigual y en una sociedad con muchos riesgos de exclusión dentro de nuestro país, pero sobre todo también fuera de nuestras fronteras. Por eso, esa idea de la justicia social que hizo que un gallego fundase el Partido Socialista Obrero Español y la UGT, sigue siendo la referencia fundamental, porque allí donde hay una necesidad, allí donde hay una causa justa, allí tiene que haber una propuesta de izquierda y el socialismo es la izquierda real, la izquierda posible en Europa y en el conjunto del contexto internacional.

Tenemos que mantener la valla de defensa de la izquierda, a la vez que mantenemos la llama de defensa del partido. Claro que somos partido, claro que creemos en el partido, claro que sabemos que somos un partido de la militancia, que hace cuatro años tuvo que reclamar el poder de las bases para mantener un discurso de izquierdas y decirle no a los gobiernos de derecha para poner a Mariano Rajoy fuera del Gobierno y convertir al Partido Socialista, de nuevo, en la primera fuerza política en España.

Y ese ejercicio de defensa tiene también que hacerse con la autocrítica. Por eso es tan necesario siempre el debate permanente, la dialéctica. Yo estaba ahora encantado aquí escuchando al presidente Zapatero, escuchando en las reflexiones de fondo de las que a veces incluso nos es difícil, a los que estamos con el foco puesto, conseguir traspasar, o trasladar al conjunto de la ciudadanía. Pero para que haya futuro tiene que seguir habiendo izquierda; tiene que seguir teniendo partido y tiene que seguir habiendo debate, y eso lo representa también Izquierda Socialista, que es la conciencia del partido, la conciencia de tantos militantes que queremos esa confraternidad.

Los últimos cuatro años he sido secretario general del Partido Socialista, pero los anteriores 20 siempre ha sido un militante combativo, auténtico, critico que he mantenido siempre la llama de la dialéctica con total lealtad a la organización, pero nunca dejando al margen ni mis principios ni mis criterios. Y esa combinación de lealtad con principios, con criterios, con valores, es necesario hacerlo y es necesario extenderlo. Y es necesario porque estamos viviendo en un tiempo difícil y distinto. Caminamos a una nueva realidad que va a ser distinta a la realidad pre pandemia.

Y es por eso que necesitamos volver a cargar las pilas. Llevamos un año y medio de tiempo de pandemia que lo ha parado todo y ha parado también la vida interna del partido y con ello, la presencialidad, la posibilidad de tener asambleas y es necesario ahora, cuando gracias a la vacuna, cuando gracias al proceso de estrategia de vacunación marcados por la Unión Europea con el Gobierno de España, con los profesionales sanitarios, entramos en una nueva etapa, tenemos que volver a cargarnos las pilas no solamente de la presencialidad, no solamente de los actos colectivos, sino las pilas de las ideas, de la reflexión, del horizonte para el futuro porque necesitamos construir una España y una

Europa, un mundo que siga haciendo de los valores de la solidaridad, de la justicia, de la fraternidad, la referencia fundamental, y aquí en Madrid también quiero decir que frente a aquellos que levantan la bandera de la libertad no hay ningún partido que defienda más la libertad que el Partido Socialista Obrero Español, porque sin igualdad no hay libertad, y el socialismo es libertad como planteábamos ya en la Transición y tenemos que seguir defendiendo. Ese socialismo que cree en una España plural, en una España federal, en una España de derechos y de libertades, en una España de igualdad y que tiene en el Gobierno de España una barrera de contención frente a una derecha y una ultraderecha que quieren poner en cuestión todos los avances de la democracia y que quieren retroceder.

Es por eso que necesitamos más partido, más izquierda, más debate y, desde luego, más Izquierda Socialista. Así que yo os doy toda la fraternidad del Partido Socialista de Galicia, todo el ánimo, todo el apoyo. Porque somos muchos en la izquierda, somos muchos en el Partido Socialista, los que creemos que hay que poner el debate de ideas y la dialéctica como algo necesario. También sabemos que vienen por delante tiempos complicados, por lo que frente a esa derecha y esa ultraderecha sabemos estar unidos en lo sustancial para respaldar a un gobierno que ha permitido hacer políticas expansivas frente a la crisis, que ha cambiado la agenda de políticas y de prioridades del consenso de la política económica en Europa para seguir haciendo políticas anticíclicas, expansivas, keynesianas, que permitan drenar liquidez, drenar gasto, hacer inversión pública, recuperar la economía y, sobre todo, construir un escudo protector para que nadie se queda atrás. Un escudo protector en las políticas sociales, que es el ADN del Partido Socialista.

Y es por eso que hay que asumir valores fundamentales en un nuevo tiempo, como el feminismo o como el ecologismo, pero siempre recordando que el ADN del socialismo, la justicia social, la fraternidad, la solidaridad, la lucha por la igualdad de oportunidades pensando que nadie se puede quedar atrás, defendiendo que allí donde hay una niña o un niño que necesitan educación pública, sanidad pública, derechos y posibilidad para el futuro, allí tiene que estar la idea, el planteamiento y la acción de un Partido Socialista que sigue siendo la bandera y la defensa de los derechos, de las libertades y del progreso.

Mucho socialismo, mucha Izquierda Socialista, enhorabuena por 40 años y por 40 años más de Izquierda Socialista.

Muchas gracias compañeras y compañeros.

Adrián Barbón Rodríguez

Secretario general de la Federación Socialista Asturiana
y presidente del Principado de Asturias.

Compañeros y compañeras de Izquierda Socialista, quiero daros las gracias, en primer lugar, por haberme invitado a participar en el 40 aniversario de la constitución de la corriente. Quiero estar presente de esta forma, que tiene que ser necesariamente virtual, ya que no he podido estar presencialmente, como habría sido mi interés, porque este fin de semana tengo actos del partido, uno fundamental, que es el de homenaje en recuerdo a las víctimas del Pozo Funeres, donde 22 mineros socialistas asturianos fueron asesinados en una sima natural en Peñamayor en el año 1948. Es decir, 11 años después de finalizada la Guerra Civil en Asturias. Es un acto cargado de especial simbolismo y emoción. Además de un homenaje a las víctimas, para nosotros supone un faro en el que reflexionamos sobre el futuro de nuestro partido. Eso es vuestra asamblea y vuestra conmemoración: un faro sobre el que reflexionáis sobre las ideas, las aportaciones, los posicionamientos y el futuro de nuestro partido.

Hablar de Izquierda Socialista me lleva necesariamente a pensar y recordar a Luis Gómez Llorente que estaba también vinculado a Asturias. Como sabéis, fue diputado por Asturias en la Cortes Generales. Sois, en este sentido, un caudal de reflexión que no se puede secar; un río de reflexión de nuestra organización, de nuestro partido, que debe seguir vivo en cuanto a aportaciones, propuestas y planteamientos. Estas, además, tienen un marco necesario en el que debatirse y discutirse como es el futuro Congreso Federal que vamos a celebrar a mediados de octubre en Valencia. Nuestro 40 Congreso Federal.

Por eso os animo a que de vuestra asamblea salgan también conclusiones de futuro sobre planteamientos, avances, propuestas…, que luego tendrán que ser debatidas por el conjunto de la organización, como no puede ser de otra manera y que democráticamente todos asumiremos como resolución de nuestro congreso.

Decía Julián Besteiro que la militancia socialista, o la disciplina socialista que nos gusta reivindicar, significa libertad en todo momento para hacer planteamientos internos, someternos al debate y al escrutinio del resto de compañeros y compañeras reunidos en del Congreso Federal y acatar las resoluciones que nuestro Congreso Federal establezca, que son de obligado cumplimiento para todos y de defensa colectiva también para el conjunto de la organización.

En eso se ha basado siempre nuestra histórica democracia interna. Así que, compañeros y compañeras, ánimo y un abrazo muy fuerte de esta federación, la Federación Socialista Asturiana, que precisamente este año celebra y conmemora su 120 aniversario desde que fuera fundada. Es importante para nosotros fortalecer, restablecer e impulsar la labor de la militancia socialista como base sobre la que se construye el proyecto político de los socialistas sin perder nunca de vista que tenemos que estar abiertos al conjunto de la sociedad. Tenemos que ser receptores de lo que nos demanda la sociedad. Porque nuestro partido existe, y así lo quiso nuestro fundador, Pablo Iglesias, precisamente para servir y para transformar esa sociedad, estando muy atentos siempre a lo que nos dicen.

¡Feliz asamblea!, ¡feliz 40 aniversario!

Joan Garcés

Doctor en Ciencias Políticas, abogado y profesor de Relaciones Internacionales.

Buenas tardes, compañeras y compañeros. Encantado de encontrarme con todas y todos vosotros en estos minutos que se me han concedido. Quisiera hacer algunas reflexiones sobre una de las palabras que he escuchado respecto a las dificultades con que se he encontrado Izquierda Socialista a lo largo de estas cuatro décadas. Para eso me retrotraeré a los años, a los meses cruciales que, desde mi punto de vista, marcaron el futuro del socialismo en España. Me refiero al periodo que transcurrió entre los meses de mayo y septiembre de 1979.

Izquierda Socialista nace en ese tiempo. Se formaliza en el año 1980 y en esos meses las ideas que está defendiendo Izquierda Socialista son las mayoritarias en el Partido Socialista. Son las que hicieron que en ese Congreso de mayo de 1979, la posición de Felipe González fuera derrotada. Por primera vez en la historia del partido, en ese congreso, la mayoría no fue capaz de generar una nueva dirección. Y aquí quiero evocar las palabras que quizá orientaron ese desenlace. Me refiero a las del alcalde de Madrid, Enrique Tierno Galván, que subió a la tribuna a decir "no podemos salir de aquí con una dirección en la que no esté Felipe González, porque si no, los tanques podrían estar en la calle y Alemania dejaría de financiar al partido". En ese contexto es cuando la mayoría, para dar cauce, formó una comisión de portavoces, de cinco portavoces formada por Luis Gómez Llorente, Pablo Castellano, Fernando Morán, Manuel Turrión y por mí mismo.

¿Pero qué pasó entre mayo y septiembre del año 1979 cuando íbamos a dar conferencias o a presentar nuestros programas? Pues que las puertas del partido estaban cerradas.

Recuerdo una conferencia de prensa que dimos conjuntamente Gómez Llorente y yo en Barcelona y el señor Cercas, del Partido Socialista nos dijo que no podíamos darla allí. Tuvimos que alquilar una sala en uno de los hoteles de Barcelona. Pero lo más grave fue lo que ocurrió en el cambio del sistema de votación. En mayo, cada delegado tenía un voto en el Congreso Federal. En el mes de septiembre, en el Congreso Extraordinario, cambió el sistema. Solamente podían votar los jefes de delegación y ahí, quienes eran la mayoría en el mes de mayo, fueron reducidos a una ínfima minoría en septiembre.

Ese cambio de sistema de votación decidió la suerte del partido. Durante 25 años, los congresos federales se celebraron sin que los delegados allí presentes pudieran votar. Y cuando transcurre y se cierra ese ciclo de 25 años, ya la estructura está configurada en un sistema económico, en un sistema social y en un sistema de relaciones internacionales. Y sin embargo, en ese congreso de septiembre de 1979, hay tres ideas que están presentes, de una manera consciente o inconsciente, en la inmensa mayoría. España se encontraba en ese momento a 40 años del final de la guerra del año 39 y hay tres principios que están presentes.

El primero es la independencia de España respecto de las potencias que la controlaron desde el año 39. El segundo es que los españoles tenían que poder elegir su sistema de gobierno, su régimen político: monarquía o república. Y, por último, el tema de la reconciliación, pero sobre la base de la justicia y el reconocimiento de lo que había pasado durante la dictadura en particular.

Pues bien, esas tres líneas directrices, en los años subsiguientes fueron por un camino muy distinto del que tenían la mayoría en el año 1979. Y sin embargo, esas líneas son las que vosotros habéis defendido en medio de dificultades extraordinarias durante cuatro décadas y que hoy en día siguen vigentes.

Porque finalmente, lo que en aquel momento se entendía por independencia, tenía un eslogan: "¡OTAN no, bases fuera!" Y en torno de ella se movilizó el partido, se movilizó la sociedad y se definió la posición estratégica de España. Desde entonces, de estrategia internacional en el partido se ha hablado muy poco. Observad cómo se desmenuzan, en detalle, dimensiones sociales, económicas, culturales, de género, etcétera. Y está muy bien que se haga. Pero las grandes perspectivas y estrategias están prácticamente ausentes más allá de presentar en lengua castellana las directrices que nos llegan de los centro de decisión de la OTAN o de otros centros de decisión internacionales.

Pero de generación de estrategia propia interna, prácticamente a partir de ese desenlace, del gran debate de la OTAN se cerró el ciclo, y sin embargo es necesario. La OTAN hoy está en crisis. La situación internacional está cambiando a gran velocidad, sobre todo a partir de la derrota estratégica, manifiesta ya en el Medio Oriente. Agreguemos a esto que la Unión Europea, en la cual estamos, va a pasar por fases muy críticas en los años próximos. El motor de unificación principal de Europa desde 1945 ha sido los Estados Unidos. Y ese motor gira en sentido contrario desde hace varios años. Europa ya no es su prioridad. En Europa Occidental terminó la división de Alemania, terminó la Unión Soviética, terminó el Pacto de Varsovia. Sus intereses estratégicos están en otra parte del mundo. Por consiguiente, la necesidad de defender los intereses colectivos y la dimensión de la independencia de España se va a volver a presentar de manera acuciante cada vez de manera más directa.

El problema de la reconciliación dentro de la justicia es igualmente un tema que se desvió de sus puntos de partida originales. Hoy en día sigue habiendo muchos españoles en cunetas. El problema de la Ley de Memoria Histórica llegó por fortuna al Parlamento, pero llegó muchos años después, cuando la derecha, en cierto modo, durante esos cuatro años se ha "legitimado" desde el punto de vista de lo que fue la dictadura.

Y hoy lo estamos viviendo. Estamos viviendo una ofensiva ideológica de la derecha puramente franquista sin ningún tipo de tapujos ni de disimulo. Es una batalla cultural que en cierto modo les hemos facilitado durante décadas y que en estos momentos va a exigir una presencia y una combatividad grande y constante si no queremos ver continuar creciendo a la derecha. Y estas tareas que quedaron de esa forma, condicionadas por el desarrollo de lo que pasó entre el mes de mayo y el mes de septiembre del año 1979, creo que vosotros los habéis defendido en las circunstancias más difíciles que pueda imaginarse.

Un compañero lo ha dicho, ha habido ostracismo. Otro también lo ha dicho, ha habido persecución. Yo agrego, el sistema electoral ha impedido que a los órganos de dirección federal llegaran las voces con la potencia que debía haber llegado si el sistema electoral en los congresos federales no se hubiera mantenido controlado durante esos 25 años. De manera, que mi mensaje es de solidaridad, de apoyo y deseo de que las ideas que defendéis y que defendemos siguen vigentes. Cada vez lo serán más en función de lo que ya ha comentado el secretario general de la UGT y, por consiguiente, contáis con todo mi respaldo, con toda mi adhesión y espero que vosotros no ceséis en vuestro esfuerzo, luchad porque ellas se hagan realidad.

Gracias.

Omar Anguita Pérez

Secretario general de Juventudes Socialistas.

Buenos días, compañeros y compañeras, muchísimas gracias por la invitación. Quisiera comenzar pidiendo disculpas porque ayer tenía previsto intervenir a las cinco de la tarde, pero una reunión de última hora me hizo imposible venir. Os comunico que en tres semanas tendremos el Congreso de las Juventudes Socialistas Europeas. En este momento tenemos la presidencia de esta organización y queremos revalidarla. Ese fue el motivo.

Gracias Manolo por darme la oportunidad de estar hoy aquí. Tengo muchos buenos recuerdos de este sitio, entre otras cosas, porque hace cuatro años aquí fui elegido secretario general de las Juventudes Socialistas de España y ha sido un mandato, cuanto menos, entretenido. También tengo que decir que cada vez que estoy en esta casa, en la Unión General de Trabajadores, recuerdo a mi abuelo, recuerdo a mi madre y recuerdo a toda mi familia sindicalista. Además para mí es un auténtico honor poder estar con el presidente José Luis Rodríguez Zapatero. Siempre le digo que él es el responsable de que yo esté hoy aquí, y no como secretario general de JSE, sino como militante. Fue en el año 2004 cuando en un mitin le escuché, me gustó y creí en la política. Y hoy, como joven, dado que solo me quedan tres meses como secretario general de JSE, quiero seguir aportando mi granito de arena a la política como hacéis vosotros y vosotras, la corriente Izquierda Socialista.

Creo en la política porque pienso que es la herramienta que tienen los humildes para cambiar la realidad social, para cambiar la realidad económica y laboral de las personas de este país, sin importar el origen, sin importar el color, sin importar el género. Creo que es la herramienta que tiene la gente más humilde para cambiar su presente y me niego a aceptar que nos digan que la política no vale para nada, me niego a que nos colectivicen. Lo decía una vez Alfredo Pérez Rubalcaba: "no es lo mismo el que construye que el que destruye, no es lo mismo quien nos dota de libertades que quien trata de cercenarlas". Y tengo que reconocer que los retos que tenemos por delante como jóvenes no son muy diferentes de los que tenían hace 30 o 40 años los compañeros y compañeras que formaban parte de las Juventudes Socialistas.

Tenemos desafíos como combatir la precariedad laboral en dos vertientes: la temporalidad y los salarios; tenemos que combatir la brecha de género, la desigualdad que, a día de hoy, en pleno siglo XXI sigue existiendo; tenemos que combatir los delitos de odio y no normalizar que en las instituciones haya fascistas proclamando el fascismo y señalando a los colectivos más vulnerables. No lo podemos permitir porque no nos lo vamos a poder perdonar si dentro de cinco o diez años tenemos instauradas políticas de señalamiento.

Además, creo que la política puede cambiar la realidad. Viniendo hacia aquí, leía un tuit que me ha hecho mucha gracia. Decía que menuda ironía que con 22 años te pidan cinco de experiencia para poder entrar a trabajar, que con 50 años eres demasiado mayor para trabajar y que con 65 eres demasiado joven para poder jubilarte. Esto es una realidad. Y creo que si queremos formar una sociedad, tenemos que construirla con pilares sólidos de generosidad y de solidaridad. Creo que esta realidad que relata este tuit es una realidad que nos aprisiona y que nos presiona, sobre todo a la gente más joven. Y, si estamos aquí es porque somos conscientes de que tenemos la capacidad de transformarla.

Os voy a leer una frase que define perfectamente por qué soy militante, la dijo mi compañero David Calvo con el que empecé hace 17 años en las Juventudes Socialistas, y dice algo así como que "prefiero 1.000 veces el optimismo de un militante, que consiste en pensar que luchando por un futuro mejor se puede cambiar la vida, a la resignación pesimista de quien solo se fija en lo malo y se resigna a cambiar el futuro". Creo que por eso estamos aquí conmemorando los 40 años de Izquierda Socialista, porque creemos en lo que hacemos, porque creemos en nuestros compañeros y compañeras, porque creemos en las instituciones y porque tenemos una obligación: la obligación del militante socialista, que es cambiar la realidad, combatir las injusticias, combatir las desigualdades para poder hacer realidad aquello que una vez Tomás Meabe dijo, que era un mundo utópico en el que no existiesen desequilibrios territoriales, desequilibrios de género, desequilibrios entre barrios… Y, sobre todo, estamos aquí porque, en este mundo donde aceptamos un sistema capitalista, los socialistas somos los únicos que dotamos de corazón y de razón a las instituciones y a las políticas. Somos los únicos que creemos que a través de las instituciones podemos cambiar la realidad.

Yo os pido 40 años más, muchos años más, y que dentro de otros 40 años, ojalá, aquí, un secretario, una secretaria general de las Juventudes Socialistas de España diga, "compañeros, compañeras, lo hemos logrado, hemos acabado con las injusticias". Mientras tanto, a vuestro lado siempre habrá un compañero, una compañera de Juventudes Socialistas para cambiar la realidad.

Muchísimas gracias.

Ximo Puig Ferrer

Presidente de la Generalitat Valenciana.

Hola, buenos días y muchas gracias por permitirme estar aquí para enviaros un saludo fraternal, un saludo de reconocimiento y de amistad, de compañerismo. Celebrar el 40 aniversario de Izquierda Socialista es, sin duda, celebrar una parte fundamental de lo que ha sido el Partido Socialista Obrero Español en todo este tiempo y también las federaciones del partido, en mi caso del Partido Socialista del País Valenciano-PSOE.

En ese sentido, nadie puede dudar de la aportación ideológica, de la aportación al debate que ha significado Izquierda Socialista. De lo que ha significado en el amplio espectro de las ideas y también en lo que significa el espacio territorial. Esa defensa, desde siempre, de la cuestión federal es una cuestión que yo siempre he reconocido y en la que me he sentido muy identificado con vuestras posiciones.

En cualquier caso, nadie puede dudar de que Izquierda Socialista ha sido una parte del partido leal, una parte del partido que ha sumado, que ha pensado en el interés general de la sociedad y, por tanto, del propio partido. Y en ese sentido, la disidencia no ha sido disidencia, ha sido realmente diferencia. No es lo mismo disidencia que diferencia. No es lo mismo aportar que quebrar. Creo que, de ahora en adelante, vuestras ideas tienen que continuar siendo fundamentales, vuestras ideas que son las nuestras, que son las que compartimos porque no hay fronterización dentro del partido.

El movimiento, la actualización constante es fundamental. No hay ningún parámetro permanente. Siempre hay que estar debatiendo, mirando y viendo cómo la propia esencia del socialismo, que es, entre otras cosas, la discusión y el debate, nunca se pierda. Por eso, ahora que es un gran momento de la socialdemocracia, ahora que se ha visto la derrota real del neoliberalismo, ahora cuando Europa va por un camino neokeynesiano, un camino que va mejorando la vida de la gente pensando que eso es lo fundamental, es un momento en el que nuestro partido tiene una gran responsabilidad.

Nuestro líder, Pedro Sánchez, es además en estos momentos uno de los activos más importantes, sino el más importante, de la socialdemocracia europea. Y para eso debemos confluir, pensar y avanzar en esa conformación de una Europa más social, más igualitaria, más fraternal. Gracias compañeras y compañeros por el esfuerzo que habéis hecho ahora y siempre, desde aquel momento, hace ya tiempo, que conocí a Luis Gómez Llorente, siempre con el afecto de Vicent Garcés, con el que he participado en tantas historias, y ahora con Manolo Mata que trabajamos juntos para mejorar el País Valenciano.

Muchísimas gracias, compañeras y compañeros, y que el 40 aniversario sea simplemente el principio de otra etapa para nuestro partido y también para Izquierda Socialista.

Isaura Leal Fernández

Presidenta de la Comisión Gestora del PSOE de Madrid.

Buenas tardes, compañeros, compañeras. En primer lugar, agradeceros la oportunidad que me brindáis de dar voz esta tarde a las mujeres y hombres socialistas de la Comunidad de Madrid, a los socialistas del Partido Socialista Obrero Español de Madrid. Asimismo, yo que pertenezco a una generación marcada por ciertos hechos históricos, quiero aprovechar también esta ocasión para, con vuestro permiso, rendir homenaje a un hombre y a lo que representa en una fecha tan emblemática como hoy, 11 de septiembre: Salvador Allende.

Compañeras y compañeros de Izquierda Socialista, lleváis cuatro décadas trabajando y defendiendo debates y propuestas en el marco de la izquierda y siempre en el seno del Partido Socialista Obrero Español. Por ello, quiero hacer un reconocimiento expreso a los 11 militantes que el 16 de noviembre de 1980 fundaron formalmente Izquierda Socialista con un manifiesto emblemático y plenamente vigente a día de hoy. Me vais a permitir que cite a quien encabezó a aquellos 11 compañeros, Luis Gómez Llorente, un hombre que ha dejado una estela importante en el socialismo español y, sin duda, también en Izquierda Socialista, y especialmente una huella trascendental en la defensa de la educación pública.

Pero se trata de un reconocimiento extensivo a todas y a todos los que en estos 40 años habéis hecho importante el debate interno y habéis colaborado a construir desde dentro un Partido Socialista Obrero Español del siglo XXI.

Han ocurrido muchas cosas en España y en el partido durante estas décadas. Una historia de muchos encuentros, de anhelos compartidos y también, por qué no decirlo, de algún desencuentro. Pero siempre ha prevalecido el desarrollo de una tarea común: mejorar las condiciones de vida de la ciudadanía, en especial de la clase trabajadora y de los más vulnerables, luchar contra la desigualdad y defender y avanzar en derechos y libertades.

Un hecho a destacar a día de hoy es, como dijo la semana pasada el compañero Manolo de la Rocha en la Agrupación del Puente de Vallecas durante la asamblea de Izquierda Socialista de Madrid, que en los últimos tiempos estamos intentado avanzar y propiciar unas relaciones internas que superen las incomprensiones y que faciliten una adecuada y fluida comunicación. En eso estamos, Manolo, en eso estamos y en eso avanzamos.

Desde la restauración de la democracia, compañeros y compañeras, hemos recorrido un largo camino. Somos conscientes, muy conscientes, del esfuerzo realizado en defensa del debate ideológico, de la necesaria formación y del fortalecimiento de la organización. También sois valedores de la defensa de nuestras señas de identidad, las propias de la izquierda. Ese esfuerzo puede parecer, a veces, lento y difícil, pero, sin duda, siempre nos fortalece.

Quiero, y debo, terminar mi intervención pidiéndoos a todos y a todas, una vez más, vuestra participación activa en este periodo congresual. Un periodo congresual determinante para los años futuros con dos citas ineludibles: el 40 Congreso del Partido Socialista Obrero Español y el Congreso Regional del Partido Socialista Obrero Español de Madrid. Espero que vuestra participación nos permita salir con más fuerza, si cabe, para conseguir los desafíos que nos hemos fijado en el horizonte de 2023.

Yo soy de las que está convencida de que todas y todos juntos podemos avanzar más y mejor. Creo que la unidad nos fortalece. Una unidad fruto de voces plurales y representativas y, por eso, os deseo a todos vosotros y a todas vosotras salud para lograrlo y para verlo.

Un afectuoso saludo socialista.

Odón Elorza González

Diputado al Congreso, fue alcalde de San Sebastián.

Feliz aniversario a todos y todas. Conozco los orígenes de la corriente Izquierda Socialista y reconozco el papel importante que jugó hace tres años en esa batalla por definir con claridad un proyecto socialdemócrata de izquierdas para el siglo XXI, a lo largo de esa batalla por la democracia interna en las últimas primarias que dieron la victoria a Pedro Sánchez.

Cabe preguntarse ¿y ahora qué?, ¿cuál es el papel de Izquierda Socialista en estos tiempos? Desde luego hay que evitar cualquier tipo de confrontación interna, hay que dejar a un lado personalismos o batallas por representaciones de cuotas en determinadas instancias del PSOE. Lo importante es generar debate, promover debate, ayudar a la deliberación de ideas y propuestas nuevas para este siglo XXI, en esta sociedad global tan compleja.

Y además, tener una doble actitud como socialistas, actitud de militantes y actitud de activistas en el marco de la sociedad. Y desde luego trabajar con el Gobierno en favor, no solamente de esas reformas que están encima de la mesa, algunas de ellas avanzando ya decididamente, sino también aportando ideas y propuestas en las instancias del partido para eso que algunos llaman quimeras, pero que son realmente transformaciones de fondo del modelo de sociedad, modificaciones sistémicas de las reglas del mercado, propuestas para ir asumiendo, abordando y superando los retos y desafíos globales del planeta que son muchos y complejos y que en parte están ya en marcha.

Esa es la función, el trabajo de Izquierda Socialista en el marco de este PSOE que está desarrollando un papel importante en favor de los sectores populares de la ciudadanía, de la sociedad española, luchando contra la desigualdad, contra la pobreza y contra la exclusión.

¡Feliz aniversario y adelante! Queda mucho trabajo por hacer.